আমার টুকরো ভাবনারা

প্রবীর ঘোষ

ISBN 979-8-89133-955-2

সেই কবে থেকে সবসময় ছায়ার মতো আমার পাশে যে আছে, ছাতার মতো আড়াল করে, সুখ দুঃখের সঙ্গী হয়ে, সবটুকু তার উজাড় করে.... আর তারও সাথে মাঝপথে ছোট্ট হয়ে জুটে এখন বিশাল হয়ে আমার অভিভাবক হয়ে আছে যে.... সেই আমার স্ত্রী অনসূয়া আর আমার সুপুত্র প্রত্যয়কে...আর কবে থেকেই আমার হিজিবিজি লেখার একনিষ্ঠ পাঠিকা, সেই আমার বোন শ্রাবণীকে... আর আমার মাকে।

আমার মধ্যে কোথাও যেন লুকিয়ে ছিল অন্য এক আমি। কেজো ব্যস্ততার টানাপোডেন, দায়দায়িত্বের ভিড়, হিসেব নিকেশের বোঝা, দপ্তরের গুরুগম্ভীর পরিবেশ... এদের চাপে কোনঠাসা হয়ে লুকিয়ে ছিল সে। ফাঁকফোকর খুঁজছিল, প্রকাশ হওয়ার। অবশেষে, জীবনপ্রান্তের শুরুতে এসে মুক্তি পেল সেই অন্য আমি। কেজো আমিটার থেকে সে আজ স্বাধীন।

তার মনের কোণে ভেসে বেড়ায় কত না টুকরো ভাবনা, উঁকিঝুকি দেয় কত না সব ছবি। তার দায় শুধু নিজের মনের কাছে। এরা তার একান্তই নিজস্ব, বড় কাছের। টুকরো টাকরা আনন্দ, ব্যথা, বিষণ্নতার জঠরে এদের জন্ম। দীর্ঘ দিন এরা লুকিয়ে ছিল তার মনের নিভৃত অন্দরে। আজ এরা মুক্তি পেল সবার মাঝে। এদের দুই মলাটের মধ্যে ধরার দুঃসাহসিক এই প্রচেষ্টায় পাশে ছিল আমার জীবনসাথী অনসূয়া। সে না থাকলে এরা তার সাথেই নীরবেই ঝরে যেত, আলো না দেখেই।

এদের সাহিত্যের আসরে জায়গা দেওয়ার দুরাশা বা দুঃসাহস, কোনটাই নেই তার। নেই ভালো লাগানোরও দায়। নেই কিছু পাওয়ারও আশা। তবু, যদি এদের এক কণাও কারো মনের কোথাও ছুঁয়ে যায়, তাই হবে এই অন্য আমির পরম প্রাপ্তি।

প্রবীর ঘোষ

কোলকাতা, ১৬ই আশ্বিন, ১৪৩০

আমার টুকরো ভাবনারা

মৃত্যুর গন্ধ

সে ছিল এক দিন।।

যেদিন প্রথম সূর্য দেখলাম।

ভোরের আকাশ লাল করে, দিগন্ত উদ্ভাসিত করে,

প্রকাশ হলো নতুন আলো।

আমার হাত ধরে বাবা বললেন, খোকা দেখে নে দুচোখ ভরে

এই যে নতুন দিনের অভ্যুদয়। এই তো জীবন।।

তারপর আর একদিন।

সাগরতীরে সুদূরপ্রসারী বালুকাবেলায়,

যখন এক ছোট্ট আমি আনমনে গড়ে তুলেছিলাম বালির পাহাড়।

হঠাৎ ঢেউ এসে চূর্ণ হলো আমার প্রথম সৃষ্টি,

চোখ ভরে এলো জলে।

আমার পিঠে হাত বুলিয়ে বাবা বললেন, খোকা জেনে রাখ.....

এই যে নিরন্তর ভাঙাগড়া। এই তো জীবন।।

সে আর একদিন।।

ছোট ছোট পায়ে চলতে চলতে, রাস্তায় কাঁকড় বিছানো রাঙা পথে,

হোঁচট খেয়ে ফুঁপিয়ে কেঁদে উঠলাম।

ছোট দুহাত খুঁজে বেড়ালো চেনা আশ্রয়।

আমায় দুহাত দিয়ে তুলে ধূলো ঝেড়ে বাবা বললেন, খোকা উঠে পড়।

এই যে ওঠাপড়া, এই নিয়েই জীবন।।

তখন বয়স একুশ।।

দৃপ্ত আমি তৃপ্ত আমি। যৌবনের দোড়গোড়ায়, কর্মজীবনের প্রবেশপথে,

সাফল্যের নতুন স্বাদে ভরপুর, বাবার সামনে গিয়ে দাঁড়ালাম।

আমায় বুকে টেনে নিয়ে বাবা বললেন, খোকা এগিয়ে যা

ভবিষ্যতের দিকে।

এই এগিয়ে চলাই জীবন।।

আর একদিন।।

আমার জীবনসঙ্গিনীকে পাশে নিয়ে, নতুন জীবনের স্বপ্নে বিভোর

আমি,

দুচোখে ভালো লাগার রঙ মেখে, বাড়ি এলাম।

আমাদের আশীর্বাদ করে বাবা বললেন, খোকা এই

একসাথে কিছুক্ষণের পথচলা।

এটাই আসল জীবন।।

মনে পড়ে।।

এক হেমন্তের সকাল।

ভোরের সূর্যকে সাক্ষী রেখে, দুটো কচিকচি হাত সদর্পে আকাশে

তুলে,

ভূমিষ্ঠ হলো আমাদের প্রথম সন্তান।

সেই নতুন সৃষ্টির দিকে চেয়ে, চোখে ভরে এলো আনন্দাশ্রু।

নিঃশব্দে আমার কাঁধে হাত রেখে বাবা বললেন, খোকা বুকে তুলে নে উত্তরপুরুষকে, এই নতুন সৃষ্টি, এই তো জীবন।।

আর আজ...........

জীবনযুদ্ধের শেষ প্রান্তে এসে, মৃত্যুর পথচেয়ে,

পাশের ঘরে রোগশয্যায় জীর্ণ, শীর্ণ, বিদীর্ণ, প্রায়ান্ধ একটা মানুষ,

জীবনের শেষ হিসেব নিকেশ মেলাতে ব্যস্ত।

যার পাশে বসে, ভারাক্রান্ত হৃদয়ে আজ আমি পাই.....

মৃত্যুর গন্ধ।

মনের কোনে অজান্তেই অনভিপ্রেত প্রশ্ন জাগে। আর কতদিন? আর কেন?

তখনই কানের কাছে যেন শুনতে পেলাম মৃদু সেই অতিপরিচিত স্বর,

খোকা, দুচোখ ভরে দেখে রাখ। জীবন থেকে মরণের পথে এই যে উত্তরণ।

এটাই আসল জীবন, এই হলো চরম সত্য, অমোঘ পরিণতি।

আমার দুচোখ জলে ভরে এলো।।

৯ই অগাস্ট ২০১৮

ভালো লাগে

বৃষ্টির মধ্যে দিয়ে হাঁটতে আমার ভীষণ ভালো লাগে...

অঝোর ঝরা বৃষ্টিধারা যখন আমার সর্বাঙ্গ ভিজিয়ে দেয়,

আমায় শীতল করে, স্নিগ্ধ করে,

এরই সাথে মিশে যায় আমার চোখের জল,

আমার বুকের জমে থাকা ব্যথা গলে যায় আমার চোখের জলের
সাথে...

বৃষ্টি আমার ব্যথার মাঝে আড়াল তুলে দেয়।

তাই, বৃষ্টি আমার ভীষণ ভালো লাগে।।

আকাশের কালো মেঘ আমার ভীষণ ভালো লাগে...

কালো মেঘের নকশীকাঁথায় সোনালী বিদ্যুতের জামদানি কাজ,

আমার হৃদয় ছুঁয়ে যায়, বিস্মিত করে,

এরই সাথে জড়িয়ে যায় আমার বুকের বুনে রাখা স্বপ্নের জাল,

আমার ছোট ছোট আশা, ভাবনারা.... যা জ্বলে ওঠে আমার

বুকের ভেতর,

বিদ্যুতের মেঘচেরা আলোর ঝলকানির ঠাসবুনোটে মিলে মিশে

যায়,

কালো মেঘ আমার ভেতরে লুকিয়ে থাকা আগুনকে জাগিয়ে দেয়।

তাই, কালো মেঘ আমার ভীষণ ভালো লাগে।।

রোদুর আমার ভীষণ ভালো লাগে...

দাবদাহে যখন চারদিক জ্বালিয়ে পুড়িয়ে খাক্ করে দেয়,

আমার ভিতরের সব কালো শোধিত হয়ে যায়,

আমার যত ক্ষুদ্রতা, পাপবোধ সরে গিয়ে নির্মল হয়ে ওঠে,

ফিনিক্স পাখির মতো নতুন এক আমি জন্ম নেয় আমার মধ্যে,

সোনারোদ্দুর আর আমার নবজন্মের

সোনালী রং মিলে মিশে একাকার হয়ে যায়...

রোদ্ ঝলমলে দিন আমার নতুন আমিকে প্রকাশ করে।

তাই, রোদ্দুরের দহনজ্বালা আমার ভীষণ ভালো লাগে।।

৫ই অক্টোবর ২০১৯

অসময়@Covid19
কোভিড পর্বে লেখা

✦◆◆✦

প্রথম পর্ব: আশঙ্কা

সময় এখানে স্থবির হয়ে আছে........

যদিও:-

গ্রীষ্মের দাবদাহে এবারও মাটি ফুটিফাটা হয়ে ছিল,

বর্ষা এবারও সময়মতোই এসে ছিল,

কালো মেঘের ঘনঘটায় আকাশটাও ছেয়ে ছিল,

হেমন্তের শিরশিরানি গায়ে মেখে...

সকালগুলোও কুয়াশায় ঢেকে ছিল,

উত্তুরে হাওয়ার দাপটে এবারও তো ছিল... শীতের কামড়,

বসন্ত সন্ধ্যাগুলো তো ভরে ছিল, কোকিলের তানে,

আমার জানলার পাশের শিমুল গাছটাও তো

রাঙিয়ে ছিল রক্ত রাঙা ফুলে।

তবুও:-

এবার শোনা যায়নি ছোট ছোট শিশুদের কলরব,

প্রাণহীন নির্জনতায় ভরে আছে শহরের কালো রাস্তাগুলো,

জীবনের গন্ধমাখা, ঘেমো মানুষগুলো আজ আর হাঁটে না,

বাড়ির সামনে ফেরিওয়ালার শোনা যায় না সুরেলা হাঁক,

সন্ধের আলো জ্বললে ঘরমুখী মানুষদের ঘরে ফেরার হাঁকডাক,

রাতের আলোকিত শহর যেন ভরে আছে চাপ চাপ অন্ধকারে,

এর মাঝে জীবন যেন লুকিয়ে পড়েছে কোন একধারে।।

কারণ:-

কোন সুদূরের অজানা বিষ আজ ভরেছে আমাদের আকাশ,

অদৃশ্য মৃত্যু লুকিয়ে আছে, শুনতে কি পাচ্ছ তারই ফিসফাস?

সন্দেহর বীজ বোনা হয়ে গেছে আমাদের অগোচরে,

মৃত্যুভয় আর অনিশ্চয়তা ঢুকে গেছে মনের সে কোন গভীরে,

জীবন আজ থেমে গেছে মরণের আঙিনায় এসে.....

তাই:-

জীবন এখানে থমকে গেছে, সময়ের স্থবিরতার নাগপাশে।।

দ্বিতীয় পর্ব: ভয়

জীবন এখানে আজ পথ হারিয়েছে..........

যদিও:-

বাতাসের দূষণ আজ প্রায় অন্তর্হিত,

নদীর জল এখন প্রায় কলুষমুক্ত,

গাছে গাছে ফিরে এসেছে নাম না জানা পাখিরা,

আমার শহর মুখরিত আজ তাদের কলতানে,

কোথায় যেন দেখা গেছে সাগরের জলে...

বহুদিন হারিয়ে যাওয়া, ফিরে আসা ডলফিন,

কোথাও আবার শহরের বুকে বন্য হরিণের

নির্ভীক আদিম পদচারণা,

সভ্যতার সাথে প্রকৃতির আজ অবাধ আনাগোনা,

প্রকৃতি যেন উদযাপন করছে, সভ্যতার পরাজয়।

তবুও:-

মন্দির, মসজিদ, গির্জায় আজ শোনা যায় না

সন্ধ্যারতি, ঘন্টা আর আজানের শব্দ,

লাল মাটির রাঙা রাস্তায় আজ নেই রাখালছেলের দল,

চাষের জমিতে হা হা করে ফেরে চাষীর দীর্ঘশ্বাস,

কলকারখানায় বন্ধ আজ যন্ত্রের ঘড়ঘড়ানি, স্তব্ধ আশপাশ,

রেলের রাস্তায় আজ অপু কতদিন দেখেনি রেলের গাড়ি,

শহরজুড়ে উধাও আজ মানুষের সারি।

কারণ:-

মানুষ আজ বড় অসহায়,

সভ্যতা এক চরম সংকটের মুখোমুখি,

জীবন আজ এক জটিল প্রশ্নচিহ্নের সামনে,

বিজ্ঞানের জয়যাত্রা আজ থমকে দাঁড়িয়ে,

মানুষ আজ কাঁদছে, গুঁড়িয়ে যাচ্ছে.......

তাই:-

সভ্যতা আজ নত, পরাজিত, প্রকৃতির রোষের কাছে।।

তৃতীয় পর্ব: আশা

সভ্যতা আজ পথ খুঁজছে, সে কি তবে আজ হার মেনেছে.....

যদিও:-

চারদিকে আজ রোগের করাল ছায়া,

অতীত স্বপ্ন, ভবিষ্যত আজ মায়া,

মৃত্যু যেন আজ জীবনেরই এক রূপ,

জীবন এখন শুধুই অন্ধকূপ,

মানুষ নিজের ছায়াকেও ভয় পায়,

বিভেদের বেড়ী পরে তারই সারা গায়,

প্রাণে নেই কোনো প্রাণের স্পন্দন,

যেদিকে তাকাই অদৃশ্য বন্ধন,

নেই কি কোথাও আলোরই সন্ধান?

তবুও:–

এখনো আমার শহরের গাছে পাখি গেয়ে চলে গান,

ভোরের সূর্য এখনও শোনায় জীবন অনির্বান,

গাছে ফুল হাসে, কালো মেঘ ভাসে,

রাতের আকাশ চাঁদের আলোয় ছায়,

মানুষের পাশে এখনও মানুষই দাঁড়ায়।

কারণ:–

একদিন এই মেঘ কেটে যাবে,

মানুষই আবার শিড়দাঁড়া তুলে আগের মতোই দাঁড়াবে,

জীবনে আবার ফুটবে আশার আলো,

দূর হবে সব আজকের যত কালো।

সভ্যতা ফের ছুটবে আপন ছন্দে,

আমার শহরও মুখরিত হবে প্রাণের আনন্দে।

ইতিহাসের অতলে হারিয়ে যাবে এই দুঃসময়... করোনা

তাই:-

জেনো। সময় শুধুই থমকে দাঁড়ায়, কখনওই থেমে থাকে না।।

৭ই এপ্রিল ২০২০

বর্ণে গন্ধে ছন্দে

জলের বুকেতে জলের ফোঁটার ঝরে পড়ার

শব্দ শুনেছো কি?

শীতের সকালে পাতা ঝরার...

শরতে শিউলি খসে পড়ার...

বর্ষা রাতের মেঘ ডাকার...

সাগরের বুকে ঢেউ ভাঙ্গার...

ঝাউয়ের বনের শিরশিরানির শব্দ পেয়েছে কি?

ভোরের পাখির গান গাওয়ার...

ঝড়ের রাতের হাওয়া বওয়ার...

বৃষ্টিধারার নেমে আসার...

রাখালি বাঁশিতে সুর তোলার...

বেটোফেন বলো, মোৎসার্ট বলো,

স্পর্ধা আছে কি কারো?

ঐ সুর তান ছুঁয়ে যাওয়ার।।

দেখোনি কি তুমি পূবের আকাশে

সোনারঙে মাখা ভোর?

পলাশের বনে রঙ লাগার...

নবকিশলয়ে পাতাবাহার...

পূর্ণিমাচাঁদে দিক্‌ ভাসার...

কুয়াশায় ঢাকা নীল পাহাড়...

দেখেছো কি সেই বর্ষারাতের কালোমেঘে ঘনঘোর?

রাতের আকাশে তারা ফোটার...

কাশের বনের ঢেউ ওঠার...

প্রজাপতিদের রাঙা পাখার...

রামধনু রঙে দিক রাঙার...

যামিনী রায় বা অবন ঠাকুর,

শক্তি আছে কি কারো?

এই ক্যানভাস রচে যাওয়ার।।

১১ই এপ্রিল ২০২০

জীবন যে রকম
জীবন তখন – একুশে পা

বুকের মাঝে জ্বলত তখন আগুন,

মনের ভিতর বইত যে ঝড়, উঠত গভীর শ্বাস,

রক্ত গরম....

হৃদয় নরম....

শরীরে যৌবনের দাপাদাপি,

প্রিয়ার চোখে প্রেমের আশ্বাস।।

দুচোখ জুড়ে স্বপ্ন ছিল কত,

নিজের পরে ছিল যে বিশ্বাস,

প্রেমই চরম...

নেইকো শরম...

একটু দেখা, একটু ছোঁওয়ার ছলে,

শরীরী সুখ মিটিয়ে নেওয়ার আশ।।

নেশার কাজল জড়িয়ে চোখের পাতায়,

মানে না কোনো নিয়মের নাগপাশ,

প্রিয়াই পরম.....

প্রেমই ধরম.....

শরীরটাকে নতুন করে চেনা,

বাঁধনছাড়া জীবনের উল্লাস।।

বেপরোয়া নেই কো কিছুর ডর,

মনে ভবিষ্যতের আঁকিবুকি,

চলাই করম...

স্বপ্ন ভরম...

দুনিয়াটাকে পায়ের তলায় রেখে,

সমুখপানে এগিয়ে চলার ঝুঁকি।।

জীবন এখন – শেষের শুরু

বুকের আগুন এখন নিভু নিভু,

মনের মাঝে ঝড় ওঠে না, বয় না গভীর শ্বাস,

রক্ত নরম...

হৃদয় গরম...

শরীর জুড়ে শীতের হাতছানি,

জীবন এখন শুধুই অভ্যাস।।

স্বপ্ন এখন স্মৃতির ভারে ম্লান,

নিজেকে আজ নতুন করে খোঁজা,

ক্লান্ত চরণ...

শান্ত চলন...

জীবনসাথীর হাতটা নিয়ে হাতে,

শেষবেলাতে নতুন করে বোঝা।।

ঘুম জড়িয়ে আসে চোখের পাতায়,

মন জুড়ে আজ ভাবনা যে অপার,

স্মৃতিই শরণ...

অতীত স্মরণ...

ফেলে আসা দিনগুলো ভীড় করে,

বুকের মাঝে শুধুই হাহাকার।।

দিন ফুরিয়ে সন্ধ্যা নামার আগে,

স্থবির জীবন, সময় থেমে আসে,

শতেক বারণ....

সামনে মরণ....

অজানা ভবিষ্যতের ভাবনা গুলো,

মনের কোণে ফিরে ফিরে হাসে।।

২১শে এপ্রিল ২০২০

লকডাউন@কোলকাতা
কোভিড পর্বে লেখা

নির্জন কালো রাস্তাটা,

চারদিক শুনশান, নেই কোনো ব্যস্ততা,

সর্বনাশকে সর্ব অঙ্গে জড়িয়ে...

মরণঘুমে ঘুমিয়ে আমার শহর।।

আছে পাখির গান,

নেইকো তাতে প্রাণ,

আতঙ্ক আর আশঙ্কা বুকে নিয়ে...

বড় কষ্টে বাঁচছে আমার শহর।।

শিশুর কলতান,

নেই ভোরের আজান,

স্তব্ধতাকে স্তব্ধ করে দিয়ে...

চুপটি করে থেমে আমার শহর।।

তবুও আছে আশা,

নতুন করে ভাসা,

আবার ভালোবাসা,

ভীষণ ভাবে বাঁচা,

স্বপ্ন অনেক রচা,

ভাবনা অনেক, তবুও তা ভুলিয়ে...

বাঁচার আশায় বাঁচছে আমার শহর।।

২৭শে এপ্রিল ২০২০

আমার হারিয়ে যাওয়া রাধাচূড়া গাছটা

সে ছিল বড়ো কাছের প্রিয়জন...

আমার নির্জনতার সাথী,

আমার গোপন ব্যথার ব্যথী,

এক হঠাৎ আসা ঝড়ের রাতে,

হঠাৎ করেই হারিয়ে তাকে,

বুকের কোণে বাজলো কোথাও তারি প্রয়োজন।

সে ছিল মোর কাছের প্রিয়জন...

নিবিড় বর্ষা মুখর রাতে,

কতো শীত জড়ানো প্রাতে,

ফাগুন দিনের সাঁঝে,

শিশির পড়া পাতাঝরার মাঝে,

সোনায় রাঙা ফুল ফোটানোর কতই আয়োজন।

সে ছিল মোর বড় আপনজন...

আমার একলা দুপুরবেলায়,

সাথীর অলস চোখের চাওয়ায়,

হাওয়ার শিরশিরানির ফাঁকে,

তার সবুজ পাতার কাঁখে,

নাম না জানা কত পাখির কতই না গুঞ্জন।

সে ছিল বড়ো কাছের প্রিয়জন...

তার চলে যাবার ক্ষণে,

মনের গভীর গোপন কোণে,

আমার সব হারানোর ব্যাখায়,

বুকজোড়া শূণ্যতায়,

আমার বড়ো প্রাণের সাথীর আজ নীরব বিসর্জন।।

২৫শে মে ২০২০

ফিরিয়ে দাও
কোভিড পর্বে লেখা

আমি চলতে চাই না এ পথে, যেখানে....

মুখোশ পরা মুখের ভীড়,

ভয়ের কুয়াশায় ঢাকা চোখগুলো,

মানুষ যেখানে মানুষকে ভয় পায়,

অজানার আশঙ্কায় আকাশটা ছায়।।

আমি বাঁচতে চাই না এখানে, যেখানে...

হাতে হাত ধরে পথ চলা বারণ,

হারিয়ে গেছে উষ্ণ ঠোঁটের গভীর চুম্বন,

জীবন যেখানে পথ হারিয়েছে,

মৃত্যু এখানে অপেক্ষা করছে।।

আমি থাকতে চাই না এ পৃথিবীতে, যেখানে...

প্রাণে আর নেই গান,

মনে ওঠেনা খুশির তুফান,

মানুষ যেখানে বড় কাঁদছে,

সভ্যতা যখন থমকে গেছে।।

ফিরিয়ে নাও এই দ্রোহকাল, যখন...

সৃষ্টি ঢাকা পড়েছে

মৃত্যুর গ্রহণগ্রাসে,

মানবতা যেখানে মুখ ফিরিয়েছে,

রোগের রক্তবীজ কি জানি কোথায় লুকিয়ে আছে।।

ফিরিয়ে দাও আমার সেই দিনগুলো, যখন...

বুক ভরে ছিল উষ্ণতায়,

ভয়ের ছায়া ছিল না মনের কোণে,

জীবন ছিল অনেক পাশাপাশি,

ছিলনা ভয় ভাবনা রাশি রাশি।।

ফিরিয়ে দাও আমার সেই দিনগুলো, যখন...

লুকানো ছিল না বুক কাঁপানো সেই হাসি,

সেই চোখে দেখা যেত বিদ্যুতের ঝিলিক,

বন্ধনহীন ছিল, মুক্ত ছিল মনপ্রাণ,

ছিল পথে প্রান্তরে শঙ্কাহীন কলতান।।

জানি একদিন এই মেঘ কেটে যাবে...

ভয়ের আড়াল জয় করে, প্রাণের ছোঁয়ায় ভাসবে,

শিশুর হাসি গানে,

বাঁধনহারা যৌবনের কলতানে,

আকাশ আবার ভরবে।

সেই দিনের আশায়... আমার সীমাহীন অনন্ত অপেক্ষা।

২রা জুলাই ২০২০

ইচ্ছেডানা

আমার ইচ্ছে করে.. সময়ের চাকাটা ঘুরিয়ে দিতে,

জীবনটাকে নতুন করে খুঁজে নিতে।

আমার ইচ্ছে করে, ইচ্ছেডানায় গা ভাসিয়ে দিই,

পরিযায়ী পাখিদের সাথে যাই ভেসে,

উড়ে যাই কোন সে নিরুদ্দেশে,

পৃথিবীর যত রূপ রস গন্ধ,

কুড়িয়েনি ছড়িয়ে থাকা যত মুঠো মুঠো আনন্দ।।

আমার ইচ্ছে করে.....

আঁধার রাতে দিকশূণ্যপুরের খোলা প্রান্তরে,

আকাশ যেখানে ছুঁয়েছে পৃথিবীর আঁচল,

দুহাত মেলে নরম ঘাসের কোলে শুয়ে,

দুচোখ মেলে দেখি নিকষ কালো আকাশটা।

নকশিকাঁথার বুকে ফুটে ওঠা সপ্তর্ষি মণ্ডল, কালপুরুষ... আরও

কত তারাদের মাঝে

আমি খুঁজে বেড়াই অরুন্ধতীকে।

সে যে বড়ো একা।।

আমার ইচ্ছে করে.....

সুদূরে কোন গভীর মাঝসমুদ্দুরে,

কালো জলের ঢেউ যেখানে ফনা তুলেছে,

পালছেঁড়া দিশাহারা টালমাটাল নৌকায় একলা আমি,

প্রাণভরে দেখি উত্তাল জলের ভয়ঙ্কর সুন্দর রূপ।

কালো স্রোতে ভেসে চলে কত নাম না জানা মাছের ঝাঁক....

এই সবের মাঝে,

আমি খুঁজে বেড়াই শুক্তিকে।

সে যে অমূল্য।।

আমার ইচ্ছে করে.....

জনহীন ধুধু সে কোন মরুপ্রান্তরে,

রোদের দাবদাহে যেখানে পুড়ে থাক বালির পাহাড়,

দিকহারা তপ্ত তৃষিত শ্রান্ত আমি,

প্রাণ ভয়ে উপলব্ধি করি সূর্যের রুদ্ররোষ।

দমকা হাওয়ায় বালির বুকে সৃষ্টি হয় কত না নকশার... এই
সীমাহীন বালির সমুদ্রের মাঝে,

আমি খুঁজে বেড়াই একচিলতে সবুজ।

সে যে প্রাণের স্বাক্ষর।।

আমার ইচ্ছে করে....

শহরের জনাকীর্ণ পথে প্রান্তরে,

মানুষের ব্যস্ততায় যেখানে বয়ে চলে সময়ের স্রোত,

জনারণ্যে দিকভ্রান্ত ক্লান্ত আমি,

অবাক বিস্ময়ে দেখি সভ্যতার পথচলা।

মানুষের কোলাহলে, তাদের চলার ছন্দে ধ্বনিত হয় জীবনের

জয়গান... এই মানুষের ভিড়ের মাঝে

আমি খুঁজে বেড়াই শিশুর অমলিন হাসি।

সে যে ভবিষ্যৎ।।

আমার ইচ্ছে করে.....

আকাশছোঁয়া মর্মরে গড়া দেবালয়ে,

ভক্তের আকুতি যেখানে খুঁজে বেড়ায় ঈশ্বরকে,

তাদের ভীড়ে বিভ্রান্ত আমি,

ধূপ, ধুনোর অন্ধকার আর মন্ত্রের দাপটে

হারিয়ে ফেলি আমার অধিষ্টিকে.... এই ভক্তির মাঝে

আমি খুঁজে বেড়াই এককোণে পড়ে থাকা কাঙালকে।

আমার চোখে সেই তো আসল ঈশ্বর।।

৬ই জুলাই ২০২০

এই শ্রাবণে

এই শ্রাবণের মেঘজমানো মনখারাপের বিকেলবেলায়,

পূবের আকাশে কালো করে আসা ইতিউতি ভাসা মেঘের ভেলায়।

বিজুরি চমকে...

বাজের ঝলকে...

হাওয়ার থমকে...

চোখের পলকে...

মেঘ ভেঙে নামা বৃষ্টিধারায়,

মনে হয় যেন তুমি ছেয়ে আছো...

ঘন কেশদাম হেলায় এলায়।।

এই শ্রাবণে...

আকাশভাঙা বৃষ্টিধারায় জলের স্রোতে পথ ডুবে যায়,

দিগন্ত ঢাকা মেঘের চাদরে দিনের সূর্য মুখ যে লুকায়।

চারদিক কালো...

হাওয়া এলোমেলো...

আলো নিভে এলো...

সবে ঘরে গেল...

মেঘলা আকাশ বিদ্যুতে ছায়,

মনে হয় যেন তুমি চেয়ে আছো...

চকিত চোখের ক্ষণিক চাওয়ায়।।

এই শ্রাবণে...

শন্ শন্ হাওয়া তালের বনেতে শিহরণ তুলে বয়ে চলে যায়,

নদীর জলেতে ঢেউয়ের নাচন উথাল পাথাল করে হায় হায়।

মন উন্মন...

অলস জীবন...

ঝড়ের মাতন...

ছুঁয়ে যায় মন...

পূবালী হাওয়ায় প্রাণ যে জুড়ায়,

মনে হয় যেন তুমি ছুঁয়ে আছো...

গরম হাতের নরম ছোঁওয়ায়।।

১৫ই জুলাই ২০২০

দাও আমায়

আমায় গোটা আকাশটা দাও,

আমার টুকরো টুকরো সুখের মূহুর্তগুলো তার গায়ে...

তারার মতো সাজিয়ে রাখি।

স্বাতী, অরুন্ধতী, রোহিণীর মতো...

শতভিষা, ধ্রুবতারা আর আকাশ গঙ্গার মতো...

এরা জ্বলতে থাকুক আমার দৃষ্টিতে,

আলো দিক আমার সৃষ্টিতে।

আমার মনের আকাশে,

ঝিলমিল সুখ – তারাগুলো খুঁজে নেবো স্মৃতির কোণে,

নিভৃত একান্ত অবকাশে।।

আমায় একটা সমুদ্র দাও,

আমার দুঃখমেশা চোখের জল...

তার কালো ঢেউয়ের ভিতর লুকিয়ে রাখি।

তার গভীর অতলে,

নিবিড় আড়ালে...

আমার ব্যথাভরা স্মৃতিরা,

আমার কান্নাভেজা দুঃখরা,

লুকানো থাকবে নীরবে,

শুক্তির বুকে ঘুমিয়ে থাকা মুক্তোর মতো,

তাদের খুঁজে নিতে হবে।।

আমায় একটা দিগন্ত ছোঁওয়া প্রান্তর দাও,

আমার ভাবনাগুলো তার সবুজ ঘাসে ছুটে বেড়াক বাঁধনহারা হয়ে।

দিক দিগন্ত ছাড়িয়ে, নকিশকাঁথার মাঠ পেরিয়ে...

সোনালী জরিবোনা ভাবনারা,

কল্পনার সুগন্ধি গায়ে মেখে,

ছড়িয়ে পড়ুক দূরে সুদূরে,

শরতের ঝরে পড়া শ্বেতা শিউলির মতো,

ইচ্ছে হলে কুড়িয়ে রাখবো পরম আদরে।।

আমায় একটা আকাশ ছোঁওয়া গিরিশৃঙ্গ দাও,

আমার নিষ্ফল স্বপ্নগুলো জমে থাক তার গায়ে...

অধরা বরফজমা হয়ে।

ঊষার আলোয় রাঙা হয়ে,

বর্ষার মেঘে পা ভিজিয়ে,

না পাওয়া আমার যত ইচ্ছেরা...

অপ্রাপ্তির ব্যথায় গা ভাসিয়ে,

উত্তুরে হাওয়ার শিরশিরানির হাত ধরে,

জমে থাকবে আমার ধরা ছোঁওয়ার বাইরে,

কোনও দিনও তারা ধরা দেবে না।।

২০ জুলাই, ২০২০

রাত এখন দশটা

রাত এখন দশটা,

আমার সামনের নিস্তেজ কালো রাস্তাটা,

যেন শীতঘুমের আমেজে নিশ্চল হয়ে থাকা একটা অজগর।

চারদিক শুনশান...

নির্জন নিষ্প্রাণ...

এরই মাঝে,

কালিরঙা আকাশের গায়,

শুধু ইশারায় কথা হয় তারায় তারায়।।

রাত এখন দশটা,

আমার এই চার দেয়ালের সাদা ক্যানভাসে,

আলো আঁধারের নিভৃত মিলনে কত না চৌখুপী জলছবি।

নিশ্চুপ বসে আছি...

কেউ নেই কাছাকাছি...

এরই মাঝে,

নীরবে নিরালায়,

আমার জমে থাকা দুঃখরা মিলে মিশে একাকার হয়ে যায়।।

রাত এখন দশটা,

আমার পাশের বাড়ির এক চিলতে খোলা জানলায়,

বিষণ্নতা মাখা কাজলকালো চোখের এক ঝলক।

একবার চোখে চাওয়া...

যেন কতখানি পাওয়া...

কোন ফাঁকে, মোর অজানায়,

ঘুমন্ত ভালো লাগা কখন যে সেই পথে পাখা মেলে উড়ে চলে যায়।।

২৪শে জুলাই ২০২০

তোমাকে

অনেকটা পথ দুজনে চলে এসেছি পাশাপাশি।

অনেক সময় পার হয়ে, অনেক গুলো দিন কাটিয়ে,

অনেক মধুর স্মৃতি নিয়ে,

অনেক ঝড়ের রাত পেরিয়ে,

হিসেব কষে লাভের খাতায় জমেছে অনেক বেশী।

মনে আছে সেই রাতের কথা।

রানীর সাজে সাজিয়ে তারে,

সোনার সাজে রতনহারে,

কাজলকালো চোখের পরে,

রাঙা ঠোঁটের শ্রীবাভরে,

মনের কোণে মধুর স্মৃতি জমেছে রাশিরাশি,

অনেকটাদিন পেরিয়ে আজো হাঁটছি পাশাপাশি।

হেমন্তের এক ভোরের বেলা।

আকাশপানে হাত বাড়িয়ে,

প্রাণে খুশির দীপ জ্বালিয়ে,

মোদের ইচ্ছেডানায় ঝড় তুলিয়ে,

নতুন দিনের স্বপ্ন নিয়ে,

চলার পথে সঙ্গ নিল ছোট্ট মধুর হাসি,

অনেক বছর পেরিয়ে এসেছি পাশাপাশি।

দিন চলে যায় দিনের মতো,

একসাথে কাল কাটলো কতো,

মনের কোণে ক্লান্তি অনেক,

ভাবনা ঘিরে আসছে শতেক,

স্মৃতির ঘরে নানান ছবি রয়েছে ঠাসাঠাসি,

অনেক সময় পার করে চলে এসেছি পাশাপাশি।

সন্ধ্যা হল দিন ফুরাবে,

খেলা এবার সাঙ্গ হবে,

শরীর মলিন, স্মৃতি বিলীন,

দীর্ঘ অতীত, সামনে সেদিন,

বেশ খুশিতে, তোমার সাথে,

স্পর্শে তোমার কাটলো কদিন,

একজনা পথ হারিয়ে যাবো, রব না পাশাপাশি,

মনেতে রেশ থাকবে শুধু স্মৃতির রাশি রাশি।।

২৭শে জুলাই ২০২০

স্মরণ

আজ হঠাৎ খুব তোমায় মনে পড়ছে।

শ্রাবণের অন্য দিনের মতো আজও তো আকাশ ছেয়ে ছিল ঘন মেঘে,

বৃষ্টির ছাঁটে আজও তো ভিজেছিল সামনের রাস্তাটা,

ছাতা মাথায় মাথা বাঁচাতে আজও তো ব্যস্ত ছিল কাজে যাওয়া মানুষগুলো,

আজও তো পূবালী হাওয়ার দাপটে উথাল পাথাল করছিল সামনের শিমুল গাছটা।

শুধু পাশে ছিলেনা তুমি, তোমার নিষ্পাপ চোখে চেয়ে....

তাই তো তোমায় আজ খুব মনে পড়ছে।।

আজ ভোরে তোমায় খুব মনে পড়ছে।

পূবের আকাশটা আজও তো রাঙা হয়ে ছিল ঊষার প্রথম আলোয়,

শিশিরের পরশে আজও তো ভেজা ছিল উঠোনের সবুজ ঘাস,

শিউলির নেশাধরানো সৌরভে আজও তো ম ম করছিল শরতের পুজো পুজো মাখা সকালটা,

আজও তো ভোরে ঘুম ভেঙে ছিল কোকিলটার মন কেমন করা ডাকে।

শুধু পাশে ছিল না তোমার সুগন্ধি উপস্থিতি...
তাই আজ তোমায় ভীষণ মনে পড়ছে।।

আজ রাতে তোমায় বড্ড মনে পড়ছে।

চাঁদের আলোয় আজও তো ভেসে গিয়েছিল চারদিক,

রাতজাগা পাখির ব্যথা ভরা সুরে আজও তো মনটা উঠেছিল আনচান করে,

মন মাতাল করা দখিনা হাওয়ায় আজও তো শরীর জুড়ে দোলা
লেগে ছিল,

আজও তো আমার শোবার ঘরের জানলা দিয়ে একচিলতে
জ্যোৎস্না এসে পড়ে ছিল বিছানায়।

শুধু পাশে ছিলে না তুমি, তোমার পাগলকরা শরীরী উষ্ণতার
সবটুকু নিয়ে....

তাই আজ তোমায় ভীষণ.... ভীষণ মনে পড়ছে,

কেন জানি না, নিজের অজান্তে চোখের কোণদুটো ভিজে আসছে।।

২৮শে জুলাই ২০২০

স্বর্গ নরক

স্বর্গ কোথায় আমি জানি না।

অমরাবতী পেরিয়ে না কি মন্দাকিনীর ওপারে?

স্বর্গ কেমন আমি জানি না।

সে কি নন্দনকানন, পারিজাত না ইন্দ্রের প্রাসাদ বৈজয়ন্ত?

আমি শুধু জানি,

আমার স্বর্গ আছে মানুষের মাঝে,

স্বর্গ ছড়িয়ে আছে মানব সমাজে।

শিশুর হাসিতে আর মায়ের আঁখিতে...

প্রিয়ার পরশে আর প্রাণের হরশে ...

চাষীদের ঘামে আর শ্রমিকের শ্রমে...

পাখির কূজনে আর পলাশের বনে...

অন্য স্বর্গ আমি মানি না।।

নরকের খোঁজ আমি রাখি না।

যমের দুয়ারে না বৈতরণী তীরে?

নরক কেমন আমি জানি না।

সে কি আগুনের স্রোত না কি আঁধারের দেশ?

আমি শুধু জানি,

আমার নরক আছে মানুষের লোভে,

নরক জড়িয়ে আছে দলিতের ক্ষোভে।

জাতির বিভেদে আর ধর্মের ফাঁদে....

ধনীর বিহারে আর শিশুর অনাহারে....

অরণ্য নিধনে আর নারীর অপমানে....

অপমানে নত হয় জীবন যেখানে....

আর কোনো নরক আমি দেখি না।।

১লা অগাস্ট ২০২০

না বলা....

◆——◆◆◆——◆

তোমায় অনেক কথা বলার ছিল,

শুধু বলার সময় ছিল না।

এক বিকেলবেলায় কলেজ স্ট্রিটের মোড়ে...

আমি অপেক্ষায় ছিলাম বাসের জন্য,

নাকি তোমার আসার আশায়, ঠিক জানি না।

তুমি হেঁটে আসছিলে আপন মনে,

দখিনা হাওয়ায় উড়িয়ে নিচ্ছিল তোমার ফলসা রঙা শাড়ির আঁচল,

মুখের ওপর উড়ে পড়ছিল অবাধ্য চুলের গোছা,

দিঘির মতো গভীর চোখ তুলে হয় তো বা তুমি আলগোছে তাকালে।

একটি বার শুধু একটি বার....

তোমায় অনেক কথা বলার ছিল,

শুধু বলার সময় ছিল না।।

আর এক বর্ষা মুখর সাঁঝের বেলায়...

তোমার পাশে বসে ছিলাম ময়দানের ঝাঁকড়া গাছটার তলায়।

আমার দৃষ্টি ছুঁয়ে যাচ্ছিল তোমাকে।

তুমি চেয়ে ছিলে বৃষ্টি ভেজা শীশা রঙের আকাশটার দিকে,

আনমনে ছিঁড়ছিলে পায়ের তলার সবুজ ঘাস,

ফিসফিসিয়ে ঝরে পড়া বৃষ্টিতে ভিজে যাচ্ছিল তোমার আঁচল,

তোমার পালক নরম হাত হয় তো বা স্পর্শ করে ছিল আমাকে।

তোমায় ভীষণ ভালো লাগছিল, তবুও....

তোমায় অনেক কথা বলার ছিল,

শুধু বলার সময় ছিল না।।

সে এক অঘ্রাণের কুয়াশা মাখা সন্ধ্যায়...

আলো ঝলমলে আসরে, অনেকের ভিড়ে আমিও নীরবে দাঁড়িয়ে ছিলাম।

বুকফাটা ব্যথায় আমার দৃষ্টি ঝাপসা হয়ে আসছিল।

রানির সাজে আলো করে বসে ছিলে তুমি,

তোমার দুচোখে ছিল রঙিন স্বপ্নের মায়াজাল,

তোমার মাখন নরম হাত রাখা ছিল অচেনা এক হাতে,

হয় তো বা একবার চোখ তুলে দেখেছিলে আমাকে।

আমার হৃদয় ছিল রক্তাক্ত, বুক ভরে ছিল সব হারানোর ব্যথায়, জানি...

তোমায় বলার অনেক সময় ছিল,

শুধু তখন, বলার কিছু ছিল না।।

৫ই অগাস্ট ২০২০

জনারণ্যে একা

মাতৃগর্ভে ঘুমিয়ে ছিলাম নিশ্চিন্তে, নিকষ কালো অন্ধকারে, একা।

শুনতে পেলেম ঈশ্বরের কণ্ঠস্বর "সামনে জীবনের যাত্রাপথ, যার শুরু দশ মাস দশ দিন পর আর শেষ মৃত্যুতে, কেউ থাকবে না পাশে, এ পথে তুমি একা"।

জঠরের উষ্ণতা গায়ে মেখে, আমি অজান্তেই হয়তো হেসে উঠলাম। একা!!!

ভূমিষ্ঠ হয়ে মাতৃস্তন্য পান করতে করতে ঈশ্বরকে শুধোলাম "একা কোথায়? এই তো আমার মা আছেন"।

ঈশ্বর হেসে বললেন "এরা তোমার কেউ নয়, এ শুধু তোমার যাত্রাপথের প্রস্তুতি মাত্র"।

মাতৃক্রোড়ের ওম গায়ে মেখে, আমি হয় তো বা ভাবলাম। একা???

শৈশবে ভাই বোন, বন্ধু বান্ধব পরিবৃত হয়ে ঈশ্বরকে প্রশ্ন করলাম "কোথায় আমার একাকিত্ব"?

তিনি উত্তর দিলেন "এ সবই অসার। কেউ নেই তোমার পাশে"।

আমার অবিশ্বাসি মনে ভেসে উঠল। একা!!!

যৌবন এলো নিজের মতো করে।

প্রিয়ার অঙ্ক শায়িত, সুখাবেশে বিভোর আমি সদম্ভে ঈশ্বরকে বললাম "এখনো কি মনে হয় আমি একা"?

তিনি মৃদু হেসে বললেন "কেউ কারো নয়"।

আমি তাচ্ছিল্য ভরে নিজের মনে ভাবলাম। আমি একা???

প্রকৃতির নিয়ম মেনে ভূমিষ্ঠ হল আমার উত্তর পুরুষ।

তাকে বুকে জড়িয়ে তৃপ্ত আমি ঈশ্বরকে সদর্পে বললাম

"না, আজ আমি মোটেও একা নই। আমার বুকে আপন সৃষ্ট আমারই সন্তান"।

তিনি বজ্র নিন্দিত কণ্ঠে বললেন "মূর্খ, এ তোর কেউ নয়। এই শিশু প্রকৃতির সৃষ্টি, তোর বীর্য আর তোর স্ত্রীর গর্ভ ওর আগমনের সেতু বৈ আর কিছু না"।

সন্তান স্নেহে আকুল আমি শিশুর নিষ্পাপ মুখের দিকে চেয়ে বললাম "আমার সাথে আছে আমার ঔরসজাত উত্তর পুরুষ, আমি নাকি একা"!!

বেলা শেষে, বার্ধক্যের দোরগোড়ায় এসে হীনবল দেহে হঠাৎ উপলব্ধি করলাম, পাশে যেন আজ পরিচিত মুখগুলোর উপস্থিতির অভাব।

আকাশ পানে চেয়ে ঈশ্বরকে প্রশ্ন করতে গিয়েও স্থবির হয়ে রইলাম।

নিজের মনেই অজান্তেই প্রশ্ন ভেসে এলো "আমি কি সত্যিই
একা"?

জীবনের শেষ প্রান্তে এসে আজ জীর্ণ শরীর নিয়ে শেষ শয্যায়
শায়িত আমি, এক অজানা যাত্রাপথের যাত্রী।

আবছা আমার দৃষ্টি, ছায়া ছায়া কিছু চেনা মুখের ভিড় ঘিরে
চারিপাশে।

আজ আর মনে নেই কোনো প্রশ্ন।

কোন সুদূর থেকে যেন ভেসে এলো পরিচিত চেনা সেই স্বর
"একাকী এসেছিলে, ছিলেও একা আর আজ ফিরে যাবে একা।
এই সত্য বাকি সবই ভ্রম"।

আমার চোখের আলো নিভে এলো।।

১৩ই অগাস্ট ২০২০

আলো আসুক

"ওঁ জবাকুসুমসঙ্কাসং কাশ্যপেয়ং মহাদ্যুতিম্।

ধন্তারিম্ সর্বপাপঘ্ন প্রণোহতস্মি দিবাকরম্।।"

অর্থাৎ – আমি প্রণাম করি কাশ্যপ পুত্র জবা ফুলের কেশরবর্ণ,

উজ্জ্বল, অশুভ অন্ধকার ও পাপ দূর করেন যিনি, সেই জীবন ও

আলোদাত্রী সূর্য দেবকে।।

– সূত্র নবগ্রহ স্তোত্র

আলো আসুক মানুষের জীবনে।

ঘুচে যাক অজ্ঞানতার অন্ধকার,

মুছে যাক দুঃখ শোকের ভার,

দূর হোক যা কিছু কালো,

থাক যা কিছু আছে ভালো।

জীবনে আসুক আলো।।

আলো আসুক মানুষের প্রাণে।

অন্ত হোক্‌ ধর্মের উন্মাদনা,

থাকে না যেন অস্ত্রের ঝনঝনা,

সকল বিভেদ ভোলো,

জ্বালো জ্ঞানের শিখা জ্বালো।

প্রাণে আসুক আলো।।

আলো আসুক মানুষের মনে।

ভালোবাসা ছড়িয়ে যাক,

চিত্ত প্রসারিত হোক,

হৃদয়ের বন্ধ দুয়ার খোলো,

প্রেমের বাণী ঢালো।

মনে আসুক আলো।।

চেতনা আসুক মানুষের অন্তরে।

জাগ্রত হোক বিবেক,

জীবন আনন্দময় হোক।

শুদ্ধ হোক ভাবনা,

অন্তরে আসুক চেতনা।

দূর করে সব কালো,

জড়িয়ে যত ভালো,

আলো আসুক.... সবার প্রাণে...

প্রাণে আসুক আলো।।

"অসতো মা সদ্গময়।

তমসো মা জ্যোতির্গময়।

মৃত্যোর্ মামৃতম্ গময়"

অর্থাৎ - মিথ্যা হতে আমায় সত্যর পথে চালনা করো।

অন্ধকার হতে আমায় আলোর দিকে নিয়ে যাও।

মৃত্যু হতে আমায় অমরত্বে উন্নীত করো।।

- সূত্র বৃহদারণ্যক উপনিষদ

৭ই সেপ্টেম্বর ২০২০

উত্তর মেলেনি

জানি কেউ কিছু মনে রাখে না।

মহাকাল বড়ো নিষ্ঠুর, তার গর্ভে সবই হারায়, সময়ের পলিতে ফেলে আসা অতীতের স্মৃতি চাপা পড়ে যায়।

এই পৃথিবীর সবুজ ঘাসে আমিও তো হেঁটেছি.. কিছুদিন,

খোলা মাঠে প্রান্তরে বুক ভরে নিয়েছি তো শ্বাস.. কিছুদিন,

চোখ মেলে দেখেছি তো কত, প্রকৃতির রঙ রূপ যত,

শুনেছি তো কত সুর, কত তান,

কতদিন ভোরে, ফোটা শিউলির গন্ধে.. ভরে গেছে মনপ্রাণ।

তবুও, সব ফেলে একদিন চলে যেতে হবে, মিশে যাব কালের গর্ভে,

আগামীর কেউ জানবে না, একদিন আমিও ছিলাম, ছোট বড় অনুভূতি, ভালো লাগা নিয়ে।

জানি এই অনন্ত সময়ের ব্যাপ্তির মাঝে, আমি কেউ নই, তবু ভাবি আমার এই ক্ষণিকের অস্তিত্বের, মূল্য কি এতটুকু নেই?

উত্তর মেলেনি এখনো।।

১১ই সেপ্টেম্বর ২০২০

ফেরা

আমি ফিরে আসতে চাই.... বারে বারে,

ধুলো মাখা পুরানো এ পৃথিবীর 'পরে।।

যদি ফিরি শ্রাবণের মেঘ হয়ে...

তুমি তবে পাশে থেকো বারিধারা হয়ে।

একসাথে ঝরে পড়ে যাব...

... বয়ে চলে যাব নদী হয়ে,

সাগরের গহীনেতে মিশে যাব,

নীলিমার নীল রঙে রাঙা হয়ে।।

যদি আসি সূর্যের আলো হয়ে...

তুমি যেন সাথে থাকো সাঁঝের প্রদীপ হয়ে।

গোধূলিতে দেখা হবে....

আলো আর আঁধারেতে মিশে রব,

পৃথিবীকে আলোময় করে যাব,

দুজনেতে আলোকবর্তিকা হয়ে।।

যদি ফিরে আসি পাখি হয়ে...

তুমি যেন থাকো সাথে গাছ হয়ে।

ভোরবেলা উড়ে যাব...

নীল আকাশের বুকে ডানা মেলে দেব,

দিনান্তে ফিরে এসে,

তোমার ছায়ায় বসে,

কত অজানার কথা বলে যাব।।

আর যদি ফিরি আমি.... আমি হয়ে...

তুমি তবে পাশে থেকো.... তুমি হয়ে,

ছোট ছোট খুশি আর একবুক ভালো লাগা

বুকে নিয়ে,

আরও একবার, শুরু করি ফেলে আসা

দিনগুলো একসাথে,

ফিরে দেখি... পাওয়া, না পাওয়ার

স্মৃতি দুজনেতে,

ফিরে পাওয়া নতুন এই জীবনের পথে,

চলে যেতে যেতে।।

১৮ই সেপ্টেম্বর ২০২০

সোহয়ম্ – আমিই সে

আমি আছি, তাই এই পৃথিবী আছে,

আমার অনুভূতির ছোঁওয়াতেই এই জগৎ পূর্ণতা পেয়েছে।

আমার দৃষ্টির জ্যোতিতে উদ্ভাসিত হয়েই

আলো হল আলো,

আমার অদর্শনের অন্ধকারে রাতের আঁধার কালো।

আমার শ্রবণের মধ্যেই পাখির গান হল মধুর,

আমি অনুভব করলেম বলেই সৃষ্টি হল সপ্তসুর।

আমার ভালো লাগলো বলে ফুলের এত সুগন্ধ,

আমার বিচারেই ঠিক হল কে ভালো আর মন্দ।

আমার বিবেক বুঝিয়ে দিল কে আপন আর কে পর,

আমারই ভক্তিরসে সৃষ্ট হল আমার ঈশ্বর।

আমিই সৃষ্টি করেছি আমার জগৎ,

আমার উপস্থিতিতেই তার থাকা না থাকা।

আমি যেদিন চলে যাব, হারিয়ে যাবে আমার পৃথিবী, ফুরোবে

তার রঙ, রস, সুর। আর....

থাকবে না তুমিও... আমার ঈশ্বর।

তাই, আমি আছি বলেই আমার পৃথিবী আছে।।

২৫শে সেপ্টেম্বর ২০২০

আর না...

না, আমাকে এত আঘাত দিও না...

আমার বাইরের শান্ত রূপটা দেখে ভুল কোরো না।

আমি তো পাথর নই যে অটুট থাকবো।

আমি তো মেঘ নই, যে বৃষ্টির মতো জমে থাকা দুঃখগুলো ঝরিয়ে দিয়ে, সুখের রোদ্দুরে ঝলমলে হয়ে উঠবো।

আমি তো নদী নই, যে ব্যথার অনুভূতিগুলো পিছনে ফেলে, নতুন সুখের খোঁজে সহজেই এগিয়ে যাব।

আমি তো সাগরের মতো এত বিশালও নই, যে তোমাদের দেওয়া আঘাত আমার অতলে ধারণ করে রাখবো।।

না, আমাকে ঈশ্বর ভেবো না....

আমি পারি না।

আমি পারি না, তোমাদের দেওয়া আঘাত গুলো নীলকন্ঠ হয়ে
কন্ঠে ধারণ করতে,

আমি পারি না, ঝরে পড়া খসা পাতার মতো আমার ভিতর
জমে থাকা ব্যথা গুলো মাড়িয়ে চলে যেতে,

আমি পারি না, দধীচির মতো আঘাতে আঘাতে জর্জরিত হয়েও
আমার পুড়ে যাওয়া ভেতরটা বজ্র হয়ে জ্বালিয়ে দিতে,

আমি পারি না, মেঘে ঢাকা রাতের আকাশের মতো তোমাদের
থেকে পাওয়া ব্যথা গুলো, আড়াল করতে।

না, আমি পারি না, আমি যে নিতান্তই সাধারণ এক মানুষ।।

না, আর আমায় আঘাত দিও না,

আমিও তো রক্ত মাংসে গড়া এক সামান্য মানুষ,

কেন বোঝো না....

আমিও যে রক্তাক্ত হই,

আমিও যে ক্ষতবিক্ষত হই।

আমার বজ্র কঠিন ব্যক্তিত্ব দেখে ভুলো না,

তোমরা জানো না, আমিও যে ভেতর থেকে গুঁড়িয়ে যাই।

আমার বাইরের শান্ত স্থির নিস্তরঙ্গ রূপ দেখে ভুল কোরো না,

আলোড়িত ঘূর্ণির মতো আমার অশান্ত ভেতরটার নাগাল পাওয়ার চেষ্টা কেন কেউ করো না?

না, আমাকে আর আঘাত দিও না....

আমি যে আর সইতে পারবো না,

আমি এবার ভেঙে যাবো, চূর্ণ হয়ে যাবো,

ভেতর থেকে নিঃশেষ হয়ে যাবো,

হয়তো বা হারিয়ে যাবো,

না, আর আমায় আঘাত দিও না।।

৬ই অক্টোবর ২০২০

যাও

যাও....

আর পিছনে তাকিও না।

আজ খুলে দিলাম আমার স্নেহের বন্ধন...

তিল তিল করে গড়ে তোলা একটা প্রাণ,

এক প্রথম সূর্যের আলোয় যে তার কচি কচি দুহাত মেলে
আকাশপানে চেয়ে ছিল।

ছোট ছোট পায়ে আমার পাশে চলতে শিখেছিল।

যার নিষ্পাপ মুখের দিকে তাকিয়ে আমি ফিরে পেতাম আমার
ফেলে আসা শৈশব।

আজ সে নতুন জীবনের দোরগোড়ায় দাঁড়িয়ে।।

যাও....

এবার এগিয়ে যাবার সময়।

তুমি ফেলে যাবে তোমার পুরানো স্মৃতি...

হয়তো রয়ে যাবে তার কিছু মাত্র রেশ।

সামনে নতুন সোনালী দিনের হাতছানি,

সাথে থাকবে নতুন মানুষ, নতুন সম্পর্কের ছোঁওয়া।

পুরনো পিছুটান ফেলে তুমি এগিয়ে যাও।

ওই শোনো ভাবীকালের আহ্বান।

সুন্দর হোক্, সফল হোক্, সুস্থ হোক্...

মনে রেখো, একটাই জীবন।।

২৮শে অক্টোবর ২০২০

নতুন দিনের আলো
কোভিড পর্বে লেখা

দূরে সরে যাও এই অনাহূত অসময়

ফিরে এসো না কো কোনদিনও আর,

তোমার জন্য বন্ধ রইলো আগামী দিনের দ্বার।

তুমি এসেছিলে নিয়ে অন্ধকারের ঝড়,

মৃত্যুমিছিল, আতঙ্ক আর সর্বনাশের আড়ালে...

আপনও ছিল পর।

রোগজর্জর মানব সমাজ,

ভয়ের মুখোশে মুখ ঢাকা আজ,

মানুষ নিজের ছায়াকেও ভয় পায়,

তবু বেঁচে ছিল আশার আশায়।।

মেঘ একদিন কেটে যাবে...

ঝড়ও একদিন থেমে যাবে...

ভয়ের কুয়াশা সরে যাবে....

নতুন আলোয় ভরে যাবে...

ভবিষ্যতের গর্ভে হারাবে...

আজকের যত কালো,

আগামী দিনের আকাশে উঠবে...

সোনালী আশার আলো।।

১২ই নভেম্বর ২০২০

এইক্ষণ

আজ ভোরে মনে একরাশ আনন্দ এলো।

চোখ চাইতেই ঊষার নরম আলো আমার অন্তরে আলোকিত
করলো,

পালক নরম শীতল বাতাসে আমার শরীর জুড়িয়ে এলো,

কোথা থেকে ভেসে আসা শরতের প্রথম ফোটা শিউলির গন্ধ
আমার প্রাণে নেশা ধরালো,

একটা নতুন দিনের জন্ম হলো...

আমার জীবনের আরও একটা দিনের মৃত্যু হলো।।

জানালা খুলে দেখি, পূবের আকাশ লাল হয়ে আসা এক নতুন
সূর্যোদয়।

মনে হলো, এই যে মুহূর্তটা, এ যেন অম্লান... অবিনশ্বর,

ভাবলেম, আজ থেকে হাজার বছর আগে এখানে কি ঠিক এমনই সূর্যোদয় হত?

আরও হাজার বছর পরেও কি এমনই সূর্য উঠবে?

এই বিশাল সময়ের পরিশরে আমার উপস্থিতি কি নগণ্য!!

তবু এইক্ষণে এই বিশালত্বের এক টুকরো সাক্ষী হয়ে

...... মনে একরাশ আনন্দ এলো।।

২২শে নভেম্বর ২০২০

যেতে হবে

তবু ছেড়ে চলে যেতে হবে...

কালের কৃষ্ণগহ্বরে সব স্মৃতি গ্রাস করে নেবে।

আমার কোনার ঘরের একফালি কমলা রঙা রোদ্দুরমাখা শীতের
দুপুর,

উত্তরের জানলায় উঁকি মারা নীল আকাশটা,

আলমারিতে সাজানো আমার সারা জীবনের সঙ্গী বইগুলো,

আমার টেবিলে রাখা গীতবিতান আর মনে গেঁথে থাকা তাঁর
গানগুলো,

সব পিছনে ফেলে...

হ্যাঁ, চলে যেতে হবে।।

জানি ছেড়ে যেতে হবে...

তিল তিল করে গড়ে তোলা ছোট ছোট ভালো লাগা,

কত কত পিছুটান, কত শত সম্পর্কের বেড়াজাল,

হাসি কান্না নিয়ে গড়া কত কত স্মৃতি,

জীবনের ওঠাপড়া, কত না যে ভাঙাগড়া,

সব ছেড়ে একদিন..

জানি চলে যেতে হবে।।

যেতে হবে....

যেতে তো হবেই।

তবু জানি সব কিছু সেভাবেই হবে,

ভোরের আলোয় আকাশ তখনও রাঙাবে,

কালো মেঘে বৃষ্টিতে সামনের পথটাও ভিজবে,

শরতের রাঙা রোদ্দুরে চারদিকও ভাসবে,

ফুলে ফুলে শিমুলও তো রাঙাবে,

আমি নেই, আমি নেই...

হয়তো বা কারো মনে পড়বে।

তবু জানি, যেতে হবে।।

২৩শে ডিসেম্বর ২০২০

অনুভব

প্রতিটি সকাল আমার কাছে আশীর্বাদ...

ভোরের প্রথম আলো,

ঘাসের বুকে জমে থাকা এককণা শিশির,

কুয়াশার জাজিমে ঢাকা প্রান্তর,

একটু একটু করে জেগে ওঠা জীবন,

আমায় নতুন জন্ম দেয়...

আমি নতুন করে জীবনকে খুঁজে পাই।।

প্রতিটি দিন আমার কাছে আবিষ্কার...

নতুন নতুন অনুভূতি,

কত কত সম্পর্কের ওঠাপড়া... ভাঙাগড়া,

জীবনের কত না রামধনুরঙা জলছবি,

প্রকৃতির আলগোছে খুলে যাওয়া রূপ রস গন্ধ,

আমায় মাতাল করে...

আমি নতুন ভাবে জীবনের সামনে দাঁড়াই।।

প্রতিটি মূহুর্ত আমার কাছে উপহার...

সময়ের জরিবোনা থামে মোড়া,

ফেলে আসা নানা রঙে রাঙা স্মৃতির ঝাঁপি,

পরতে পরতে মিশে থাকা ভালো লাগা... ভালবাসা,

জীবনের গন্ধমাখা বড়ো আদরের মানুষ গুলো,

আমায় পাগল করে...

আমি জীবনের কাছে কৃতজ্ঞতায় নত হই।।

প্রতিটি রাত আমার কাছে সাধনা...

নিকষ কালো অন্ধকার,

জ্যোৎস্নায় ভাসা তারা ভরা আকাশ,

নৈঃশব্দ্যের জামদানি মোড়া জগৎচরাচর,

আমি আমার মাঝে ঈশ্বরকে অনুভব করি,

আমায় আপ্লুত করে....

আমি আমার ঈশ্বরের সাথে একাত্ম হয়ে যাই।।

১৫ই জানুয়ারি ২০২১

সেই দুটি হাত

দুটি হাত....

হাতে হাত ধরে, পাশাপাশি চলেছে আপন মনে।

ভুলে আছে আশপাশ, সময় সমাজ,

স্পর্শের উষ্ণতা, চোখজুড়ে স্বপ্ন কত,

আগামীর হাতছানি, সাথে...

একবুক ভালোবাসা।।

দুটি হাত...

হাতের উপরে হাত, নতুন এক জীবনের পথে।

আলো ঝলমলে চারপাশ, সানাইয়ের সুর,

সপ্তপদী আর সিঁদুরে রাঙানো সিঁথি,

একসাথে জীবনের স্রোতে ভাসা, আর...

নতুন দিনের আশা।।

দুটি হাত...

হাতে হাত মিলে, জীবনের সংগ্রামে।

কঠিন বাস্তব, বাঁচার যুগলবন্দি,

ফিকে লাগে স্বপ্নরা, চোখে লাগা ঘোর...

তবু বুকে আছে ভালো লাগা, পথে...

পাথেয় যে ভালোবাসা।।

সেই দুটি হাত...

হাতে নেই হাত, শেষ হল একসাথে পথচলা।

একা একজন, ছড়ানো অতীত,

নিঃসঙ্গতা আর স্মৃতি সম্বল,

উঁকি দেয় ফেলে আসা সোনালী দিনের ছবি, আছে...

শুধু পুরানো না মেলা হিসেব সুখে দুঃখে মেশা।।

২১শে জানুয়ারি ২০২১

হয়তো বা...

হয়তো ছিলাম,

প্রাচীন সে ধূ ধূ প্রান্তরে,

বেদের অমৃত বাণী আর সুমধুর সামগানে যখন

ভরে যেত দিগ্‌ দিগন্তর,

দিনান্তে গুরুগৃহে, প্রদীপের ম্লান আলো,

গোধূলির ধুলো ওড়া, ঘরে ফেরা পাখির ডানায়,

রাতের আঁধার নেমে আসে... চুপিসারে,

হয়তো ছিলাম আমি, সেইখানে একধারে।।

হয়তো ছিলাম....

শ্রাবস্তী নগরীতে, রাপ্তী নদীর তীরে,

বুদ্ধের শান্তির বাণী, সে কি তীব্র উন্মাদনা,

ব্যস্ত চারদিকে,

অস্ত্রের ঝনঝনা, প্রবলের আস্ফালন,

তারই মাঝে... নতুন সে ভাবনায়,

মানব সভ্যতার সেই যুগের সন্ধিক্ষণে,

হয়তো ছিলাম আমি, সেইখানে একধারে।।

হয়তো ছিলাম...

কলিঙ্গের রক্ত রাঙা যুদ্ধ প্রাঙ্গণে,

হিংসার করালগ্রাস, মৃত্যুর তাণ্ডব,

হাহাকার রব,

বিজিতের ধ্বংসস্তূপ, বিজয়ীর নির্লজ্জ উন্মাদনা,

চণ্ডাশোক থেকে ধর্মাশোক... যে উত্তরণ,

হয়তো ছিলাম আমি, সেইখানে একধারে।।

হয়তো ছিলাম...

যমুনার কালো জলের ছায়ায়,

শ্রমিকের রক্ত আর ঘামে ভেজা শ্রমে,

মর্মরে আঁকা সেই তাজমহল,

শোষণের অর্থে গড়া সম্রাটের স্বপ্ন,

তিলে তিলে গড়ে তোলা... চিরকালের প্রেমের সৌধ,

হয়তো ছিলাম আমি, সেইখানে একধারে।।

হয়তো থাকবো আমি....

আগামী দিনের পৃথিবীতে, নতুন সমাজ,

নতুন যুগের হাতছানি, নতুন আলোর ছটা,

নতুন পথের দিশা... সবকিছু অন্যরকম,

থাকবো সেদিনও আমি?

হয়তো থাকবো আমি, সেইখানে প্রাণ ভরে।।

১৪ই মার্চ, ২০২১

উপস্থিতি

তুমি আছো...

ভীষণ ভাবে আছো,

আমার সাদামাটা জীবনের অনেকটা জুড়ে আছো।।

ভোরের প্রথম সূর্যের নরম আলোর ছোঁওয়ার মতো,

প্রথম বর্ষণে ঝরে পড়া বৃষ্টিধারার স্বস্তির মতো,

শরতের ফোটা শিউলির সজীবতার মতো,

বসন্ত পূর্ণিমার রূপালি রাতের উজ্জ্বলতা নিয়ে...

তুমি আছো...

আমার পাশেই আছো।।

তুমি থেকো...

প্রবল ভাবে থেকো,

তোমার সবটুকু উষ্ণতা নিয়ে আমার কাছে থেকো।।

আমার একরাশ একাকীত্বর সাথী হয়ে,

ফেলে আসা দিনের ভালো মন্দ সব স্মৃতির ভাগীদার হয়ে,

অতীতের কিছু মুহুর্তের সাক্ষী হয়ে,

আমার পথের শেষটুকু মধুর করে...

তুমি থেকো...

আমার পাশে থেকো।।

তুমি থেকো...

ভীষণ ভালো থেকো।।

২৭শে জুলাই ২০২১

উত্তরপুরুষ

(মনে পড়ে) এমনই এক দিন।

হেমন্তের কুয়াশার গন্ধ মাখা, রোদ ঝলমলে

সোনালী সে এক ভোরে,

আমাদের হাত ধরে পৃথিবীর আলো দেখল সে।

শুরু হল এক নতুন প্রজন্মের,

সেই মুহুতেই, আমাকে অতীতে ফেলে ভাবী

সময়ের পথে পা বাড়ালো সে.... আমার উত্তরপুরুষ।।

গর্বিত স্বপ্নমাখা পায়ে পায়ে এগিয়ে চলেছে সে,

সামনে তার মায়াময় ভবিষ্যতের হাতছানি।

সময় আজ তার পদানত, পৃথিবীর বুক পাতা আজ...

তার চলার অপেক্ষায়।

তার প্রতিটি পদক্ষেপ আমাকে পিছিয়ে দেবে,

আমি দুচোখ ভরে তার দূরে সরে যাওয়ার পানে চেয়ে থাকব,

তার ফেলে যাওয়া গন্ধ নেব বুকভোরে...

সে যে আমারই উত্তরপুরুষ।।

সে এগিয়ে যাবে, স্থান করে নেবে তার নতুন প্রজন্ম,

আসবে এবার দিন বদলের দিন।

সময়ের লাগাম এবার তারই হাতে,

শুনতে পাবো ঘরে ফেরার গান।

একদিন আমি মিশে যাবো বিস্মৃতির অতলে,

তার মাঝে ফেলে যাবো আমার চিন্হ, সে রয়ে যাবে... আমার উত্তরপুরুষ।।

১লা নভেম্বর ২০২১

তোমার জন্য

তোমার জন্য,

সাগর ছেঁচে শুক্তি খুঁজে আনতে পারি !!   না।

তোমার জন্য,

হাজার হাজার বছর ধরে হাঁটতে পারি !!   না।

তোমার জন্য,

নতুন করে তাজমহলটা গড়তে পারি !!   না।

তোমার জন্য,

তিলে তিলে রুবাইয়াত টা লিখতে পারি !!   না।

না, আমি পারি না।।

তবে....

তোমার পাশে,

একই সাথে শেষটুকু পথ চলতে পারি।

তোমার হাতে,

হাতটা রেখে তোমার পাশে বসতে পারি।

তোমার,

মন খারাপের বিকেল বেলায় সাথে তোমার থাকতে পারি।

তোমার,

ফেলে আসা স্মৃতিগুলো একসাথে ভাগ করতে পারি।।

সাধ সাধ্যের যোজন ফারাক। তাই.... এইটুকুই আজ পারি।।

৫ই ডিসেম্বর ২০২১

দিন বদল...

সে দিন আকাশে গান ছিল,

গানেতে খুশির তান ছিল,

মনেতে প্রেমের বান ছিল,

চোখেতে অমোঘ বাণ ছিল,

শরীরে কি যেন টান ছিল,

জীবনটা জুড়ে জান ছিল,

সে দিনও তো প্রাণে গান ছিল!

গানের ভিতর প্রাণ ছিল।।

আজও তো জীবনে সব আছে,

অনুভূতিগুলো একই আছে,

ভালোবাসাগুলো বেঁচে আছে,

ভালোলাগারাও বেশ আছে,

ছোট ছোট খুশি আজও আছে,

পুরানো স্মৃতির রেশ আছে,

এখনও তো প্রাণে সাধ আছে,

জীবনে এখনও প্রাণ আছে।

তবুও...

শেষেরও তো জানি শুরু আছে।।

২০শে ডিসেম্বর ২০২১

চলো বৃদ্ধ হই

চলো একসাথে বৃদ্ধ হই।

যৌবনের সুগন্ধি সবুজ ঘাস মাড়িয়ে,

আজ দুজনে বিকেলের সুদীর্ঘ ছায়াঘেরা যাত্রাপথের সামনে এসে
দাঁড়িয়ে।

এলোমেলো ভাবনারা ভিড় করে আসে,

টুকরো টাকরা ছবিরা দৃষ্টিতে ভাসে।

স্মৃতির ঝাঁপিতে লুকানো ভাবনারা...

ভেসে বেড়াক নিজের মনে।

আর আমরা...

চলো একসাথে শান্ত হই।।

চলো একসাথে শান্ত হই।

দাপিয়ে বেড়ানো সেই চঞ্চল দিনগুলি

আজ সুদূর অতীত।

নিস্তরঙ্গ দিঘির মতো জীবন আজ শান্ত,

অনেক ঝোড়ো পথ পেরিয়ে আমরাও আজ ক্লান্ত।

চাওয়া পাওয়ার হিসেব নিকেশ...

তোলা থাক মনের কোণে।

আর আমরা...

চলো একসাথে ঋদ্ধ হই।।

চলো একসাথে ঋদ্ধ হই।

ঝাপসা হয়ে যাক ফেলে আসা জীবনের

ছোট বড়ো যত টানাপোড়েন।

মান অভিমান, ক্ষোভ অভিযোগ থাকুক না আজ তোলা,

রেশ থাক না একসাথে এই শেষটুকু পথ চলা।

না পাওয়ার ব্যথারা, জমে থাকা দুঃখ যত...

পড়ে থাক না আজ পিছনে।

আর আমরা...

চলো একসাথে ফিরে যাই।।

চলো একসাথে ফিরে যাই।

ফিরে দেখি ফেলে আসা টুকরো স্মৃতিদের

যারা আর ফিরবে না।

বেঁচে আছে যেটুকু সময়...

কেটে যাক মিলেমিশে,

আলগোছে ভালোবেসে।

চলো এইবার,

একসাথে ফিরে যাই...

না ফেরার দেশে।।

১০ই ডিসেম্বর ২০২১

আমার ভুবন

এক চিলতে রোদ্দুর...

চুপটি করে এসে পড়ল আমার পূবের খোলা জানালার ফাঁক দিয়ে।

তার বুকে... হাওয়ায় ভাসা ধুলোর আঁকিবুকি,

টেলিফোনের তারে বসা কাকগুলোর হাঁকাহাঁকি,

একটা চড়ুই পাখির তুরুক তুরুক আনাগোনা,

সামনের সোনাঝুরি গাছের পাতার শিরশিরানি,

তার পাতার ফাঁকে ফাঁকে রোদের সোনালি জাল বোনা।

এরাই আমার একান্ত।।

এক ঝলক পূবালী হাওয়া...

নিজের খেয়ালে কখন যেন বয়ে আনল সজল সতেজ এক

অনুভূতি।

তার সাথে... সোঁদা মাটির মন মাতাল করা ঘ্রাণ,

আর ঝরে পড়া বৃষ্টির ধারায় জুরালো মন প্রাণ,

ঘনিয়ে আসা দিক আঁধার করা কালো মেঘের মাতন,

থ্যাপা হাওয়ায় আলগা হলো আজ মনের যত বাঁধন,

আসমানি আকাশের গালিচায় বোনা বিদ্যুতের

আগুন পাখিরা।

এরা যেন আমার নিজের।।

এক মন কেমন করা বিকেল...

সবটুকু দিয়ে নিঃস্ব হয়ে উজার করে দিল সূর্যাস্তের সবটুকু

রাঙা রঙ।

তার মাঝে... ঘরে ফেরা পাখিদের মন উদাসী কলধ্বনি,

দিগন্তে একটি দুটি করে ফুটে ওঠা তারাদের জামদানি,

ফেলে আসা আরও একটা দিনের টুকরো স্মৃতির রেশ,

আর আগামীর নতুন এক দিনের আশার আসার আবেশ,

আসা যাওয়ার মাঝখানে নানারঙের টুকরো টাকরা

এইসব ছবিরা।

হ্যাঁ, এইতো আমার ভুবন।।

১লা জানুয়ারি ২০২২

আনমনে

এমনি করেই মন হারালো আনমনে...

সব পেরিয়ে, দিক হারিয়ে, নকিশকাঁথার মাঠ ছাড়িয়ে

কোথায় যে সে উধাও হলো কে জানে।।

একলা আমি ছিলেম তখন নির্জনে।

ভাবনা যত মনের ভিতর,

ভুলিয়ে ছিল সব টুকু মোর,

জমাট বাঁধা মেঘের মতন...

যাচ্ছিল তার নিজের মনে জাল বুনে।

ঘর হারিয়ে, পর ভুলিয়ে, মনে প্রাণে নিঃস্ব হয়ে

ছিলেম আমি নিজের সাথে একমনে।।

মন ছুটেছে নিখিল ভুবন অঙ্গনে।

কাটল বাঁধন সবটুকু তার,

ধরতে তারে পারবে কে আর,

কালবোশেখি ঝড় সে যেমন...

কোন বাধা আজ সে মানে।

পাইনে যারে, হারিয়ে তারে, জানিনে সে কোন সুদূরে

খুঁজে বেড়াই ফিরি তারই সন্ধানে।।

এমনি করেই মন হারালো সেইক্ষণে...

জগৎ ভুলে, তুফান তুলে, হৃদয়েরই আগল খুলে

হারালো সে বিশ্বজনের প্রাঙ্গণে।

এমনি আমার মন হারালেম আনমনে।।

১লা জানুয়ারি ২০২২

জীবনের মানে

না জানি এ জীবনের মানে কি!

অনন্ত সময়ের, ব্যপ্ত এ মহাকাল, কি যে তার প্রয়োজন...

একাকী মানুষ সেটা জানে কি?

জীবনের মানে কিছু আছে কি?

ছোট ছোট মুহূর্ত, আলোছায়া স্বপ্নরা,

কত কত অনুভূতি, মনে আসা ভাবনারা,

ছেঁড়া ছেঁড়া অতীতের স্মৃতি যত ভিড় করা,

আশা নিরাশায় ভরা, ভালোলাগা দিয়ে গড়া...

জীবনের মতো কেউ টানে কি?

জীবন কি কখনওই থামে কি?

সময়ের স্রোতে ভাসা, শুধু এই যাওয়া আসা,

নতুন প্রজন্মের... নতুন যুগের আশা,

দিন বদলের ডাক, নতুন যুগের ভাষা,

পুরানো স্মৃতির বোঝা, অতীতকে ফেলে আসা

জীবন কি পিছুটানে ফেরে কি?

জানিনা জীবন ফিরে আসে কি?

একসাথে নানাজনে, এত এত আয়োজনে,

নানারঙে, নানা গানে, প্রাণের এই আবাহনে...

জীবনের মতো কিছু হয় কি?

১৪ই জানুয়ারি, ২০২২

আমার অর্ধেক আকাশ

আমার অর্ধেক আকাশ জুড়ে সূর্য ওঠে,

আমার অর্ধেক আকাশ জুড়ে জ্যোৎস্না ফোটে।

আমার অর্ধেক আকাশে মেঘের ঘনঘটা,

আমার অর্ধেক আকাশে তারাদের ফুটে ওঠা।

আমার অর্ধেক আকাশ আজ সীমাহীন শূন্য,

আমার অর্ধেক আকাশ আজ সুখে পরিপূর্ণ।

আমার অর্ধেক আকাশ শান্ত দিঘির মতন,

আমার অর্ধেক আকাশ ছেয়ে ঝড়ের মাতন।

আমার অর্ধেক আকাশ যেন রুদ্রের তাণ্ডব,

আমার অর্ধেক আকাশ জুড়ে প্রাণের উৎসব।

আমার অর্ধেক আকাশ জুড়ে শুধুই হাহাকার,

হাসি কান্না, সুখ দুঃখ, পাওয়া না পাওয়া...

আমার আকাশে সব মিলে মিশে একাকার।।

১৮ই জানুয়ারি, ২০২২

একটি ধর্ষিতার আত্মকথন

ওই একধারে পড়ে আছি...

না... না.... আমি নই, আমি নই,

পড়ে আছে ছেঁড়াখোড়া উলঙ্গ দেহটা।

তোমাদের ক'জনের লোভের খোরাক হয়ে,

প্রেমহীন স্পর্শের নানা অপমান সয়ে,

কামাতুর পুরুষের চিহ্ন শরীরে বয়ে,

জান কি অসম্মান এখানে জড়িয়ে আছে কতটা?

সাধারণ মেয়ে আমি...

ছেঁড়া ছেঁড়া স্বপ্ন ছিল কত,

যৌবন উন্মেষের সাথে,

প্রথম প্রেমের আসার আশায়,

প্রেমিকের না পাওয়া শরীরের ঘ্রাণ,

আগামীর জাল বোনা নিজেদের মত।

তোমাদেরই নিমেষের অপমান অত্যাচার,

জমে থাকা সব স্বপ্ন ভেঙে ছারখার।।

আর তোমরা ক'জন!

আমার শরীরটা ছিঁড়ে খেয়ে...

ভেবেছো কি? কি পেলে?

তুমি... হ্যাঁ, তুমি...

তোমারই নখের এই ক্ষত,

আমারই কিশোরী বুকে,

লেগে আছে যত,

মনে কি পড়ে না?

কোন দিন, পেয়েছো জীবন

পান করে আর কারও এই... হ্যাঁ এই, এই স্তন।

তোমাদেরই পদাঘাত...

এখনও জর্জরিত আমার জঠরে,

একবারও ভাবো নি কি?

এরকমই কোনও এক নারীরই গর্ভে,

তোমারই প্রথম প্রাণ উঠেছিল গড়ে।

একবারও মনে কি পড়ে নি?

জান্তব লালসার খিদে, মেটালে যেখানে,

পৃথিবীর আলো, প্রথম দেখেছো...

জীবনের স্বাদ, প্রথম পেয়েছো.... সেখানে।।

আমার এই দেহটাকে ছিঁড়ে খুঁড়ে ফেলে,

এত কাম এত ঘৃণা দিয়ে এ শরীর ছুঁলে,

কি জানি? কি পেলে!

পেলে কি আমার আত্মার স্পর্শ?

না, পেলে না আমাকে।।

২৭শে জানুয়ারি, ২০২২

স্বাধীনতা দিবস – নানা চোখে

সকাল হল,

চারিদিক উদ্ভাসিত করে ছড়িয়ে পড়ল ভোরের আলো,

পথের ধারে শুয়ে থাকা পথশিশুটির ঘুম ভাঙল। চোখ মেলে চেয়ে
দেখল পথের ওপারের বিদ্যালয় সেজে উঠেছে,

ছুটে গেল সে, বন্ধ দ্বারের ওপারে দেখল:-

সারি দিয়ে আছে ছেলের দল,

অন্য দিনের মতো আজ নেই কোলাহল,

তাদের সমুখে ত্রিবর্ণ রঙা নিশান,

কণ্ঠে তাদের চেনা এক গান।

হঠাৎ দরোয়ান এসে তাকে ঠেলে সরিয়ে দিলে,

বললে "সরে যাও এখন। জানো না আজ স্বাধীনতা দিবস,

ওখানে যাওয়া মানা"?

সে আকাশে চেয়ে ভাবলে, স্বাধীনতা দিবস? সেটা আবার কি??

বেলা গেল,

সূর্য এখন মধ্য গগনে,

গাড়ির দরজা খুলে শুভ্র বসনে, গান্ধী টুপি মাথায় পথে নামলেন দেশনেতা।

সামনে তাকিয়ে দেখতে পেলেন:–

ভিড় করে আছে মানুষজন,

চারদিকে কত আয়োজন,

তাদের সমুখে ত্রিবর্ণ রঙা নিশান,

কণ্ঠে তাদের চেনা এক গান।

তার ললাটে মৃদু ভ্রুকুটি, স্বাধীনতা দিবস? এ এক উটকো ঝঞ্ঝাট!!

সন্ধ্যে নামলো,

কালি মাখা আকাশে সন্ধ্যাতারার উঁকিঝুঁকি,

ছুটির আমেজে তৃপ্ত তরুণ এক দম্পতি

দাঁড়িয়ে সামনের বাতায়নে।

কালো আঁধার মাখানো রাস্তায় দেখলো:-

ছড়িয়ে ছিটিয়ে মানুষজন,

স্তিমিত দিনের আয়োজন,

খোলা পড়ে ত্রিবর্ণ রঙা নিশান,

স্তব্ধ এখন চেনা সেই গান।

দুজনের মন ভার, চলে গেল আর একটা ছুটি!

কাল থেকে আবার সেই ইঁদুর দৌড়।।

ময়দানে বাসি মালা পরা, বড়ো একা সেই চেনা মূর্তিটাও বুঝি

বিষণ্ন।

মনে কি পড়ে??

আমাদের? ?

না, আবার একবছর পরে।।

১৫ই অগাস্ট ২০২২

স্বনির্বাসিত

এ একরকম ভালোই আছি...

জনসমুদ্রের মাঝে স্বরচিত দ্বীপে স্বনির্বাসিত,

ভালোবাসাগুলো তোলা থাক মনের কুলুন্দির ভিতর,

মাঝে মাঝে দেখা পাবে,

প্রেমটেম সবই হবে,

মনের যত কথা আজ নিজেরই সাথে,

নিজেকে দেখা মনেরই আয়নাতে,

এলোমেলো ভাবনারা ভেসে থাক আনমনে নিরন্তর।

আর আমি? ভালোই তো আছি।।

হ্যাঁ, ভালোই তো আছি!!

দিনগুলো বাঁধাধরা, স্বশাসনে গড়া, নিজের স্বপ্নে মোড়া,

নাই বা রইলো সম্পর্কের শাসন আর স্নেহের পিছুটান,

তবু তারা উঁকি দেবে,

ইতি উতি নানা ভাবে,

আমি জাল বুনে বেশ আছি নিজের জগতে,

ভালো লাগা জমে আছে পরতে পরতে,

এরই মাঝে আনমনে আলগোছে বোঝাপড়া।

হয়তো বা, একা আমি ভালোই আছি।।

কি জানি! ভালো আছি?

চেনা চেনা মুখগুলো, উষ্ণ সম্পর্কেরা, পাশে ছিল নেই যারা,

দিন আসে, দিন যায়, রাতও আসে চুপিসারে,

ছিল যারা অনুভবে,

কাছে ছিল, নিভৃতে নীরবে,

তাদের স্মৃতির বানভাসি নিজের অজান্তে,

মনের গভীর গহীন কোনে... একান্তে,

তবু কেন ফিরে ফিরে আসে তারা?

কে জানে? এ কেমন ভালো থাকা!

ভালো কি আছি??

১১ই এপ্রিল, ২০২২

কথোপকথন

এই শোনো,

হ্যাঁ, বলো।

মনে কি পড়ে?

কোন কথাটা??

প্রথম দিনের সেই দেখাটা।

এক বিকেলের মলিন আলোয়,

আকাশ ছেয়ে ছিল কালোয়।

হরিণ নরম হালকা চালে,

সেই তো তুমি প্রথম এলে।

তোমার দেহের গন্ধে মাতাল,

ভরল আমার আকাশ পাতাল।

আলতো হাতের একটু ছোঁওয়া,

একটু চাওয়া, অনেক পাওয়া।।

মনে আছে সব স্মৃতিটা,

প্রথম ভালোলাগার ছটা।

একটু দ্বিধা মনের কোনে,

টুকরো চাওয়া সংগোপনে,

গেল না তো কিছুই বলা...

তবু , শুরু হল সঙ্গে চলা।।

শুনছো কি?

বলো, কি?

মনে পড়ে? দুঃস্বপ্নের দিনগুলো?

মান অভিমান, ভুল বোঝা,

পরস্পরের দোষ খোঁজা।

ছড়িয়ে পড়া তিক্ততা,

সম্পর্কের টানাপোড়েন, আরও কত রিক্ততা।

টুকরো ভালোলাগা গুলো,

কবেই যেন হারিয়ে গেল।

অবশেষে সে দিনও এল,

পথচলা আজ একলা হল।।

ভুলে আছি সে সব কথা,

তোমার দেওয়া সকল ব্যথা।

একলা আমি ভালোই আছি,

নতুন করে আবার বাঁচি।

টুকরো অতীত রইল তোলা,

তাই নিয়ে আজ একলা চলা।।

১৫ই এপ্রিল, ২০২২

তোমার সঙ্গে....

তোমার সঙ্গে হারিয়ে যাব সবার আড়ালে,

থাকবে না কোনও ভয়, ভাবনা, দ্বিধা, দ্বন্দ্ব,

ছিঁড়ে পড়বে বাসি সম্পর্কের ঠাসবুনোট,

তোমার সুগন্ধী উপস্থিতির নেশায় মাতাল আমি...

তোমার সঙ্গে তলিয়ে যাব সর্বনাশের অতলে।।

তোমার সঙ্গে ভাসিয়ে যাব সকল পিছুটান,

বিস্মরণের ঝড়ে ছারখার হয়ে যাক ফেলে আসা স্মৃতিরা,

পিছনে পড়ে থাক যা কিছু পুরানো, ভালো মন্দ সবটুকু।

তোমার পাগল করা মোহে আবিষ্ট আমি...

তোমার সঙ্গে এগিয়ে যাব মাতিয়ে মনপ্রাণ।।

তোমার সঙ্গে এড়িয়ে যাব সম্পর্কের বেড়াজাল,

একলা আমি একলা তুমি, আর কারও অস্তিত্ব যেন নেই,

এই গণ্ডির বাইরে রইলই বা অনাঘ্রাত বিশাল জগৎ,

তোমার মনকেমনকরা সঙ্গসুখে বিভোর আমি...

তোমার সঙ্গে বুনিয়ে যাব অদৃশ্য আড়াল।।

তোমার সঙ্গে রাঙিয়ে যাব, জীবন সুরে ভরবে,

পাওয়া না পাওয়ার হিসেব কেনই বা আজ করবে।

তৃপ্ত আমি, শুদ্ধ আমি, ঋদ্ধ আমি,

তোমার সাথে পথচলা এক নতুন আমি...

তোমার সঙ্গে মিলিয়ে যাব মহাকালের গর্ভে।।

২রা মে, ২০২২

আমার রবীন্দ্রনাথ

অস্থির সময়,

অশান্ত সমাজ,

ক্ষুদ্রতার উল্লাস,

লোভের প্রকাশ,

বিভেদের বিস্তার,

এরই ফাঁদে বাঁধা আমি,

নেই কোনও নিস্তার?

না, এরই মাঝে আমি বেঁচে আছি,

ভালোই আছি,

অসীম সমুদ্রের মাঝে... একাকী দিকভ্রান্ত নাবিকের

যেমন ধ্রুবতারা,

সব হারানো নিঃসহায়ের

যেমন দেবতারা,

আমারও তেমন...

তৃষ্ণার শান্তি,

ব্যথার সান্ত্বনা,

দুঃখের হরস,

স্নেহের পরশ।

আমার ক্ষুদ্র জীবনের

সবটুকু নিয়ে আছেন যিনি,

তিনি, একমাত্র তিনিই।

হ্যাঁ...

আমার প্রাণে শান্তির হাত,

তিনি...আমার রবীন্দ্রনাথ।।

২৫শে বৈশাখ, ১৪২৯ (৯ই মে, ২০২২)

বৃষ্টির ধারাপাত – প্রথম ভাগ

সোঁওওও....

আকাশটা কালো,

হাওয়া দিল এলোমেলো,

বয়ে এল ধুলোর ঝাপট,

দূরের গাছটাও হাওয়ার দাপটে টালমাটাল,

শুরু হল ঝড়ের মাতন,

মাতিয়ে দিল দিগন্ত,

চারদিক উত্তাল,

সনসন।।

চড়াৎ...

কালো আকাশে,

নীল বিদ্যুতের ঝিলিক,

পাখিদের ঘরে ফেরার তাড়া,

আসন্ন দুর্যোগের আশঙ্কায় ত্রস্ত পথিক,

জমাট মেঘের ঠাসবুনোন,

দিগন্ত চুরমার করে,

বাজ পড়ল,

কড়াৎ।।

টুপ...

ঝরে পড়ল,

এক ফোঁটা বৃষ্টি,

নড়ে চড়ে উঠল চারদিক,

ঝরঝরিয়ে নেমে এল বর্ষার বৃষ্টিধারা,

বর্ষণের আঁচলে মুখ লুকালো দিগন্ত,

বৃষ্টির দাপট স্তিমিত হল,

প্রকৃতি তৃপ্ত হল,

বৃষ্টি শেষ,

ঝলমলে।।

১লা আষাঢ়, ১৪২৯

১৬ই জুন, ২০২২

** Fade in Fade out ধারা অনুসরণে লেখা

প্রশ্ন

এত ঘৃণা কেন?

এত দ্বেষ কেন?

একটা জীবন...

তাতে এত জটিলতা কেন??

ভোরের সূর্য আছে,

পাখির কূজন আছে,

বর্ষার মেঘ আছে,

ফুলের সুবাস আছে,

প্রকৃতির রঙ আছে,

এত কিছু আছে... তবু,

ধর্মের ভেদ কেন??

প্রেমের মাতন আছে,

দেহে উষ্ণতা আছে,

মনে স্বপ্নরা আছে,

প্রাণে ভালোলাগা আছে,

ভালোবাসারাও আছে,

কত কত আছে... তাও,

এতটা বিভেদ কেন??

জানি,

আচারে প্রভেদ আছে,

বিচারে ফারাক আছে,

আলাদা দেউল আছে,

তবু,

রক্ত লালই আছে,

ব্যথার যাতনা আছে,

শোকেও অশ্রু আছে,

কারণ,

মানুষ মানুষই আছে।।

তবে?

এখনও এ ক্রোধ কেন?

এত বিদ্বেষ কেন?

এত বৈরিতা কেন?

১১ই জুন, ২০২২

বৃষ্টির ধারাপাত – দ্বিতীয় ভাগ

বৃষ্টি পড়ে,

অঝোর ঝরে,

আকাশ কালো...

মেঘলা করে।

মাতাল বাতাস...

দিক হারালো,

ঘনিয়ে আঁধার,

দিন ফুরালো।

সজল হাওয়া...

তালের বনে,

বাজের ঝলক,

ঈশাণ কোনে।

দূরের সবুজ...

মাঠের 'পরে,

অবিশ্রান্ত,

পড়ছে ঝরে।

মন মানে না...

ঘরের কোনে,

দৃষ্টি হারায়,

সুদূর পানে।

বৃষ্টি এলো...

মেঘ ঘনালো,

মলিন আলো,

সন্ধ্যা হল।

দিনের শেষে...

বৃষ্টি এসে,

ভিজিয়ে দিল,

রাস্তা গুলো।

কাদায় জলে...

নাস্তানাবুদ,

ঘরমুখো ওই,

মানুষ গুলো।

হাওয়ার দাপট...

দিচ্ছে ঝাপট,

ঝিলিক দিল,

বাজের আলো।

বৃষ্টি শেষে...

প্রাণ জুড়ালো,

আমার শহর,

শান্ত হল।।

২৮শে জুন, ২০২২

সাঁঝবেলাতে

হঠাৎ সেদিন সাঁঝবেলাতে,

উদাস চোখে আলগোছেতে...

তাকিয়ে দেখি আকাশ কালো,

মেঘ জমেছে, লাগলো ভালো।

এলোমেলো হাওয়ার দাপট,

সাথী ছিল ধুলোর ঝাপট।

বৃষ্টি ঝেঁপে এলো যখন,

বাদলা হাওয়ার সে কি মাতন।

অঝোর ধারে পড়ছে ঝরে,

সবটুকু তার উজার করে।

দিগন্তে সব ঝাপসা হল,

ঝিলিক দিল বাজের আলো।

দিনটা যেন দিনের শেষে,

ফুরিয়ে এল এক নিমেষে।।

বৃষ্টি ধরে এল যখন,

মনের হদিস পেলেম তখন।

ছেঁড়া ছেঁড়া মেঘ আকাশে,

একা আমার মন উদাসে।

বৃষ্টি শেষে মেঘলা ছিল,

মনের গোপন কুঠরি গুলো,

একে একে খুলিয়ে দিল,

আগল যত আলগা হল।

জমাট বাঁধা যত ব্যথা,

কি জানি কি আকুলতা।

স্মৃতির সে কোন অতল থেকে,

ছিল যা সব মুখটি ঢেকে।

বৃষ্টি ভেজা সাঁঝবেলাতে,

ভিড় করে সব একসাথেতে।

স্মৃতিমেদুর কি যে মধুর,

প্রাণের সমে লাগল কি সুর।।

১৮ই জুলাই, ২০২২

অনুভূতি

আমার শরীর জুড়ে মরুভূমির শূন্যতা...

সময়ের বালির ঝড়ে,

ঢেকেছে বুকের জমানো সবুজ,

শূন্য করেছে ছড়ানো বাষ্প,

শান্ত হয়েছে শরীরী তুফান,

এলোমেলো হয়না আর ভেতরটা,

উথাল পাথাল করে না আর বুকটা,

শান্ত আমি, রিক্ত আমি,

অনেকটা পথ পেরিয়ে এসে...

নিস্তরঙ্গ আমি,

নিঃশেষ আজ যতটুকু ছিল উষ্ণতা।।

আমার মন জুড়ে আজ মেঘের ঘনঘটা...

হিসেবের খাতার পাতা ভরে,

জমেছে অনেক পাওয়া না পাওয়ার খতিয়ান,

অনেকেই তো হল বোঝাপড়া,

ক্লান্তির ধূলো জমে আনাচে কানাচে,

আলগা হল যা কিছু পিছুটান,

ভেসে আসে কানে, ঘরে ফেরার গান,

শ্রান্ত আমি, ক্লান্ত আমি...

অস্তাচলের দোরগোড়ায় এসে...

নিঃসঙ্গ আমি,

পাড়ি দেবো একা, বাকি পথটা।।

আমার প্রাণ জুড়ে আজ অনাবিল পূর্ণতা...

অভিজ্ঞতার ঝাঁপি জুড়ে,

আজ বোঝাই টুকরো টাকরা মুহূর্তরা,

জীবনের প্রান্তে এসে,

প্রাপ্তির সুখ জমা মনের গভীরে,

ফিকে আজ ফেলে আসা সময়,

রাঙিয়ে আমি গোধূলির আলোয়,

তৃপ্ত আমি, অনাসক্ত আমি...

অনেক টানাপোড়েন পেরিয়ে এসে...

পরিপূর্ণ আমি,

সানন্দে হারিয়ে যাব...

পিছনে ছড়িয়ে ছিটিয়ে থাকবে,

বড় আদরের এই জীবনটা।।

অঙ্গীকার

না,

ও দিক ফিরে চাইবো না

ফেলে এসেছি পিছনে যত কিছু,

তারা যেন আর না আসে পিছু পিছু,

তাদের বোঝা, শেষের পথটুকু...

নিজের সাথে বইবো না।।

না,

ও পথে আর চলবো না।

পেরিয়ে আসা রঙিন পথের বাঁকে,

যা ছিল, তারা যতই আজও ডাকে,

স্মৃতির ঝাঁপি, হারানো দিনগুলো...

তাদের ভার আর সইবো না।।

না,

কাল কি হবে ভাববো না।

শেষবেলাতে না জানি কি হবে,

এসব কথা নিজের মনে ভেবে,

বেঁচে আছে, সময় যতটুকু...

তাদের ফেলে রইবো না।।

না,

ভবিষ্যতে বাঁচবো না।

পিছন ফিরে চাইবো না।

শেষবেলার এই প্রাণের পরশটুকু,

ভীষণ দামী মূহুর্তরা, এদের...

অবহেলা করবো না।।

৭ই ফেব্রুয়ারি, ২০২৩

অনামী অঙ্গনা

আমাদের মাঝে কোনও খাদ নেই,

শুধু কাছে থাকা,

শুধু পাশে পাওয়া,

একসাথে পথচলা,

এর চেয়ে বেশি কিছু দাবী নেই,

তবু.....

এই সম্পর্কের কোনও নাম নেই,

জানি তোমাদের কাছে,

তাই...

এর কোনও দাম নেই।।

বহতা ঝোরার মতো,

অজানা ফুলের মতো,

নাজানা সুরের মতো,

নামহীন পথে চলা দুজনের।

আপন খেয়ালে আছি,

শুধু দুজনেই বাঁচি,

এইটুকুতেই থাকা আমাদের।

নিজেকে সরিয়ে রাখা,

আড়ালে জড়িয়ে থাকা,

নামের বাঁধন একে বেঁধে...

কি হবে?

অনামিকা হয়ে, আমরা না হয়...

রয়ে যাব, একপাশে... নীরবে।

২২শে ফেব্রুয়ারি, ২০২৩

এপিটাফ

এমনটা তো হবার ছিল না!!!

যে পথ দিয়ে এতটা দিন ছিলাম পাশাপাশি...

সে পথ এত তাড়াতাড়ি,

ফুরোবার তো কথা ছিল না।।

এমনটাতো হবার ছিল না।

ছায়ার মতো এতটা ক্ষণ ছিলাম কাছাকাছি...

সে ছায়াটাই হঠাৎই একদিন,

সরে যাবার কথা ছিল না।।

এমনটাতো হবার ছিল না।

স্বপ্ন কত মনের মাঝে থাকতো ঠাসাঠাসি...

অসময়ে সে গুলো তো,

হারিয়ে যাবার কথা ছিল না।।

এমনটাতো হবার ছিল না।

মাঝদরিয়া এমন ভাবে নিঃস্ব করে...

ফেলে আসার কথা ছিল না।

অনেক অনেক দূরে আজও শীতেরই হাতছানি,

এখনই তো পাতা ঝরার সময় ছিল না।

এমনটাতো হবার ছিল না।।

১২ই মার্চ, ২০২৩

সম্পর্কের অপমৃত্যু

সম্পর্কটা মরে গেছে...

শুকনো পাতার মতো,

টুকরো স্মৃতির বোঝা,

এখানে, ওখানে, এখনো...

ঝরে আছে।।

সম্পর্কটা নড়ে গেছে...

ছোটবড়ো, অনেক আশা নিয়ে,

গড়ে তোলা স্বপ্নরা,

ভেঙে গেছে।

ছোটো ছোটো,

পাওয়া না পাওয়ার ভিড়ে,

ভালোলাগারাও...

সরে গেছে।।

সম্পর্কের উষ্ণতারাও সরে গেছে...

চাওয়া না পাওয়ার গরমিলে,

অজান্তে মাঝখানে,

শূন্যতা ভরে আছে।

ভুল বোঝা, দোষারোপ ঘিরে,

ভালোবাসারাও...

মরে গেছে।।

সময়ের টানে,

সম্পর্কের জাল

ছিঁড়ে গেছে।

তবু তার,

হয়তো বা,

কিছু ছেঁড়া তার...

কোথাও কখনো,

আরো কারো মাঝে,

বেঁচে আছে,

রেশ তার তবু...

রয়ে গেছে।।

৩রা সেপ্টেম্বর, ২০২৩

প্রাপ্তি

আমি চাই একরাশ নিস্তব্ধতা...

সময় যেখানে স্থবির,

শব্দ সেখানে মূক ও বধির,

বুকে রয়ে যাক শুধু হৃদয়েরই শব্দ,

আর যা কিছু থাক নীরব নিস্তব্ধ।

ভিড়ের মাঝেও একা আমি,

সাথে থাক... নিবিড় স্তব্ধতা।।

আমি চাই প্রাণভরা নিঃসঙ্গতা...

মনের আয়নায় নিজের ছবি,

ভুলে আছি আর সবই,

শুধু নিজের সাথে নিজেরই বোঝাপড়া,

মনের মধ্যে অতীতের কড়ানাড়া,

জীবনপ্রান্তে দাঁড়িয়ে আমি,

পাশে শুধু... একবুক উষ্ণতা।।

আমি চাই সীমাহীন পূর্ণতা...

জীবন এখন অর্থহীন,

সবটুকু তার অতীতে বিলীন,

জমানো বোঝার সবটাই আজ ফেলে,

ভবিষ্যতের গর্ভে নিজেকে মেলে,

অনন্তের সামনে আমি,

ঘুচে যাক... আজ আছে যত জীর্ণতা।।

৪ঠা অক্টোবর, ২০২৩

জিজ্ঞাসা

তখন,

পাশে ছিলে, কাছে ছিলে কি?

দেহে ছিলে, মনে ছিলে কি?

সাথে ছিলে, সাথী ছিলে কি?

ব্যথা ছিল, ব্যথী ছিলে কি?

না।

চেনা ছিলে, জানা ছিলে না,

কাছে ছিলে, পাশে ছিলে না,

পথে ছিলে, সাথে ছিলে না,

প্রাণ ছিল, টান ছিল না।

এখন....

দূরে আছ, সরে আছ কি?

ফেলে আছ, মনে আছে কি?

খুশি আছ, সুখে আছ কি?

ভাল আছ,   ভুলে আছ কি?

তবু,

একটু কি আজও পড়ে মনে?

কি জানি!

ভালোবেসে ছিলে কি না,

কে জানে?

স্মৃতির,

ছিটেফোঁটা কিছু আছে কি?

২০শে অক্টোবর, ২০২৩